दिव्य संबंधों का महत्त्व

दिव्य संबंधों का महत्व

अरुणा लाडवा

प्रभात पेपरबैक्स
www.prabhatbooks.com

प्रकाशक

प्रभात पेपरबैक्स

4/19 आसफ अली रोड, नई दिल्ली–110002

फोन : 23289555 • 23289666 • 23289777 ❖ फैक्स : 23253233

इ–मेल : prabhatbooks@gmail.com ❖ वेब ठिकाना : www.prabhatbooks.com

संस्करण

प्रथम, 2016

अनुवाद

पवित्रा सांगवान

मूल्य

एक सौ पच्चीस रुपए

अ.मा.पु.स. 978-93-5186-807-1

मुद्रक

आर–टेक ऑफसेट प्रिंटर्स, दिल्ली

———— ★ ————

DIVYA SAMBANDHON KA MAHATTVA

by Aruna Ladva

Hindi Translation of It's Time... for Relationships

Published by **PRABHAT PAPERBACKS**

4/19 Asaf Ali Road, New Delhi-110002

under licence from BK Publications,UK

Global Co-operation House, 65 Pound Lane, London NW10 2HH, UK

ISBN 978-93-5186-807-1

₹ 125.00

यह पुस्तक समर्पित है
विश्व के उन सभी आध्यात्मिक खोजकों को,
जो मेरी तरह आत्मचिंतन की गहराई द्वारा
अपार परमशांति प्राप्त करने की
राह पर अग्रसर हैं।

प्रस्तावना

यह कोई संयोग नहीं है कि आपने इस किताब को चुना है। यह किताब उनके लिए है, जो सत्य की खोज कर रहे हैं और अपनी आत्मा को गहराई से जानना चाहते हैं। इसलिए अगर आप त्वरित तरीकों से थक चुके हैं और अपने संबंधों की समस्या की गहराई में जाना चाहते हैं तो यह पुस्तक आपके लिए है।

मैं भी स्वयं को एक आध्यात्मिक यात्रा पर समझती हूँ। मैं मेडिटेशन सिखाती हूँ और लगातार स्वयं पर मेहनत करती हूँ और लक्ष्य रखती हूँ कि प्रतिदिन कुछ सुधार हो। मैं आंतरिक शांति, स्पष्ट सोच और व्यक्तिगत कल्याण के कार्य को विकसित करने का कार्य करती हूँ और दूसरों को भी सिखाती हूँ और यही करने के लिए प्रोत्साहित करती हूँ। मैं पिछले 36 वर्षों से ब्रह्माकुमारीज ईश्वरीय विश्वविद्यालय के साथ जुड़कर एक आध्यात्मिक यात्रा पर हूँ। यह एक अंतरराष्ट्रीय मेडिटेशन समूह है, जिसकी विश्व भर के 110 देशों में 8,500 शाखाएँ हैं। इनमें से कुछ शाखाओं की स्थापना में मदद करके मैं गौरवान्वित महसूस करती हूँ।

ब्रह्माकुमारीज में स्वीकारा जाता है कि सभी में आंतरिक अच्छाई है और यहाँ धर्म या आध्यात्मिक पृष्ठभूमि की परवाह किए बिना सभी लोगों के लिए आजीवन शिक्षा देने की सुविधा प्रदान की जाती है। संस्था राजयोग मेडिटेशन के माध्यम से अपनी आध्यात्मिकता की खोज करने में लोगों की मदद करती है।

राजयोग एक शांत प्रकार का मेडिटेशन है, जो मन और भावनाओं का संतुलन बनाने में मदद करता है, जिससे आपको ज्ञान और विवेक को उन्नत करने में मदद मिलती है, जिसके फलस्वरूप गहराई से स्वयं की समझ मिलती है। राजयोग के अभ्यास से आपको अपने विचार, भावनाओं और प्रतिक्रियाओं को चुनने की शक्ति मिलती है। समय के साथ यह अभ्यास आपकी जागरूकता का नैसर्गिक हिस्सा बन जाता है, जिससे आपका अपने प्रति और आपके संबंधों के प्रति दृष्टिकोण बदल जाता है। यह हमें आध्यात्मिकता की व्यावहारिक समझ प्रदान करता है और स्वयं की यात्रा में मदद के लिए आप जितना चाहें, कम या ज्यादा, लाभ उठा सकते हैं।

हालाँकि राजयोग मेडिटेशन का अभ्यास मैं बहुत वर्षों से कर रही हूँ। मैंने लिखना इसलिए आरंभ किया, ताकि मैं स्वयं परिस्थितियों को भलीभाँति समझ सकूँ। बाद में मैंने अपने लेखों को योगियों के एक छोटे से समूह के साथ बाँटना शुरू किया, जो कि साप्ताहिक रूप से मिलनेवाले इन विचारों को सराहते थे। फिर मैंने एक ब्लॉग शुरू किया, ताकि मैं अपने विचार विस्तृत दर्शकों के साथ बाँट सकूँ। मैंने अपने ब्लॉग को 'अब समय है' नाम दिया, क्योंकि मुझे महसूस हुआ कि अब समय है जागने का, आँखें खोलने का और जिंदगी के प्रति वास्तविक बनने का।

ब्लॉग के लेखों के लिए प्रेरणा मुझे अकसर मेरी आध्यात्मिक यात्रा के दौरान उत्पन्न हुई परिस्थितियों और हालात का सामना करते हुए मिली और वह प्राय: किसी त्याग, कीमत चुकाने या दर्द का परिणाम था। इसलिए, लेख हृदय से और मेरे सच्चे अनुभवों से लिखे गए हैं।

मैंने लेखों को और मेरे ब्लॉग का प्रचार करने के लिए मुश्किल ही ध्यान दिया होगा, लेकिन ऐसा लगता है कि इन्होंने बिना किसी सहारे के अपना विकास किया है और अपनी यात्रा को पृथ्वी के विभिन्न कोनों तक पहुँचाया है। मैं चकित रह गई, जब मैंने देखा कि पहले ही वर्ष में

ब्लॉग का आँकड़ा 17000 तक पहुँच गया। मैंने स्वयं को कहा कि 'यह एक संगीत समारोह हॉल के आकार से बड़ा है'। अब मैंने यह तय किया है कि इस किताब के माध्यम से 'अब समय है' के कुछ लेखों को सबके साथ बाँटूँ।

अगर आप ब्लॉग पर जाएँगे तो आपको विभिन्न विषयों पर लेख मिलेंगे, जहाँ से आपको जो पसंद है, वह चुन सकते हैं। इस किताब के लिए मैंने 'संबंध' विषय पर कुछ लेखों को चुना है, क्योंकि यह विषय सभी के लिए उपयुक्त है। मैंने कुछ लेख चुने हैं, जो इस बात को संबोधित करते हैं कि क्या होता है, जब संबंधों में समस्या आती है। उनको किस प्रकार बनाए रखा जाए और जब उनका अंत होता है तो किस प्रकार समापन किया जाए।

यह पुस्तक किसी भी प्रकार से निश्चित मार्ग-प्रदर्शक नहीं है; बल्कि यह मेरे कुछ विचारों, अवलोकनों और अनुभवों का संकलन है, जो मेरी व्यक्तिगत यात्रा में एकत्र हुए हैं। संभवतः इनमें से कुछ आपको अपने जीवन से संबंधित प्रतीत होंगे।

आप इस पुस्तक को शुरू से लेकर अंत तक पढ़ सकते हैं या सहसा ही पन्ने पलटें और देखें कि आपके लिए क्या प्रकट होता है। जो भी आपके सामने आएगा, मुझे पूरा यकीन है कि आपकी अपनी यात्रा के उस समय के लिए वह बिल्कुल उपयुक्त होगा।

प्रत्येक लेख के अंत में 'अब समय है' नाम से एक छोटा वाक्यखंड है। यह आपको लेख के सार में जाने में मदद करेगा और बाद में चिंतन के लिए और आत्मसात् करने के लिए कुछ विचार प्रदान करेगा। बहुत से पाठकों ने अपना अनुभव बताया है कि किस प्रकार यह संदेश सही समय पर उनके जीवन में आए। मैं आशा करती हूँ कि यह आपकी भी मदद करेंगे।

संबंध क्या हैं?

दूसरों से संबंध रखने की कला शायद सभी कलाओं में सबसे महत्त्वपूर्ण है। इस ग्रह पर अपने जीवन को कैसे व्यतीत किया जाए, यह इस बात का सार है। हम अपना सारा जीवन संबंधों में बिताते हैं; लेकिन उनमें से कितने संबंध भले और संतुष्ट करनेवाले हैं? यह जानना कि संबंधों में सभी स्तरों पर कितना लेना और देना है, शख्सियतों के बीच के अंतर को सँभाल लेना और माफ करके आगे बढ़ना सीखना, यह बहुत महत्त्वपूर्ण कौशल है, जो हमें समझना है और काम में लाना है। चाहे हम घर में हैं या बाहर काम करते हैं, हम हमेशा ही लोगों से बातचीत करते हैं। लेकिन दूसरों से हमारी बातचीत की गुणवत्ता क्या है? अच्छे संबंधों की रचना के लिए जितना समय और ऊर्जा निवेश करनी चाहिए, क्या उतना हम करते हैं? क्या हम स्पष्ट और करुणामय रह सकते हैं या सदैव ही आत्मरक्षक और खुदगर्ज हैं? हमारे संबंधों की गुणवत्ता यह बात निर्धारित करती है कि हम कितना समय, प्रयास और विश्वास उनमें निवेश करते हैं।

लिहाजा, कौन सा ऐसा संबंध है, जो मेरे लिए सर्वाधिक महत्त्वपूर्ण होगा? यह है मेरा मेरे ही साथ संबंध। मुझे स्वयं को जानने और समझने के लिए समय और स्थान देने की आवश्यकता है। मेरे साथ मेरे संबंध की उत्कृष्टता, दूसरों के साथ मेरे संबंधों में प्रतिबिंबित होगी। मैं भाग्यशाली थी, जो मेडिटेशन छोटी उम्र से ही मेरे जीवन का हिस्सा बन

गया और लगातार मुझे अपने विचार, भावनाओं और कर्म की जिम्मेदारी लेना सिखाता रहा। मैंने महसूस किया कि कोई दूसरा नहीं है जिस पर, मैं जहाँ हूँ और जैसा अनुभव कर रही हूँ, उसका इलजाम लगा सकूँ। मेरे अभ्यास का अहम हिस्सा रहा है निरंतर आईने में देखना कि मैं कहाँ गलत जा रही हूँ और उसके बाद निर्णय लेना।

जैसे ही मैंने जीवन और संबंधों के प्रति इस पद्धति का अभ्यास किया तो मैंने महसूस किया कि अब मैं दूसरों को कम दोषी ठहराती थी और अपनी प्रतिक्रियाओं व भावनाओं को और भी कारगर तरीके से सँभाल पाती थी। ऐसा करने से छोटी उम्र से ही एक आत्मविश्वास और आंतरिक ज्ञान की भावना पैदा हुई। मैं मेडिटेशन की एहसानमंद हूँ, जिसने मुझे स्वयं से जोड़ा और ईश्वर से भी जोड़ा, जो कि बचपन से लेकर मेरे दोस्त और हमराही के रूप में मेरे साथ रहा है।

राजयोग मेडिटेशन हमें बताता है कि एक संतोषप्रद जीवन व्यतीत करने के लिए आवश्यक सारे संसाधन हमारे भीतर ही हैं। प्रेम और उदारता आत्मा के आंतरिक स्वभाव का हिस्सा हैं। जब हम इस परिपूर्णता की भावना से कार्य करते हैं, तब हम स्वयं के साथ और दूसरों के साथ परिपूर्णता के साथ संबंध में आते हैं, खालीपन से नहीं।

जब मैं याद करती हूँ और खुद के आंतरिक गुणों से फिर से जुड़ जाती हूँ तो महसूस होता है कि मैं पहले से ही संपूर्ण हूँ। यह गहरी भावना जिंदगी के प्रति मेरा नजरिया बदल देती है और परिस्थितियों से बुद्धिमानी से निपटने की शक्ति मिलती है। संबंध जब बहुत सुचारु रूप से चलते हैं तो बहुत अद्‌भुत महसूस होते हैं, लेकिन जब कुछ गलत हो जाता है तो हमारी पूरी मनोदशा बदल जाती है और हमारे व्यवहार को और स्वयं के साथ और दूसरों के प्रति भावनाओं को प्रभावित करता है। जब हम किसी भी समस्या के प्रति सकारात्मक प्रतिक्रिया देते हैं, तभी हमें मालूम पड़ता है कि हम अपनी यात्रा में कितनी दूर आए हैं।

इस किताब के लेख संबंधों को हम किस प्रकार निभाते हैं, इस विषय को गहराई से व्यक्त करते हैं। क्या हम उनके प्रति मददगार और उदार हैं या स्वार्थवश केवल लाभ उठाते हैं? किस प्रकार हम अपने संबंधों में संतुष्ट और परिणामदर्शी बन सकते हैं? क्या होता है, जब बातें हमारे मुताबिक नहीं होतीं या समस्याओं से हमारा सामना होता है?

ये लेख परिस्थितियों को एक अलग दृष्टिकोण से देखने का तरीका प्रदान करते हैं, जो कि हो सकता है, उस समय जबकि हम परिस्थिति से घिरे हैं, हमें तुरंत स्पष्ट न भी कर पाएँ। उन परिस्थितियों पर और किस प्रकार हमने उनके प्रति प्रतिक्रिया की थी, विचार करने से हम पुराने व्यवहार के तरीके से बच सकते हैं। बल्कि, बढ़ी हुई जागरूकता और संवेदनशीलता से हम स्वयं में बदलाव ला सकते हैं, जिससे अगली बार परिणाम और भी सकारात्मक व सार्थक हो।

यह पुस्तक दो भागों में बाँटी गई है। पहले भाग में, स्वयं का 'स्वयं' के साथ संबंध और उसको किस प्रकार विकसित किया जाए, इस बात पर विचार किया गया है। दूसरे भाग में, हमारा दूसरों के साथ संबंध, जो बातें हमें परेशान करती हैं, किस प्रकार मत-भिन्नता का हल किया जाए और किस प्रकार उन संबंधों में पवित्र प्रेम का आगमन हो, इन बातों पर विचार किया गया है।

अब समय है…हम सब एक-दूजे के लिए आईना हैं। हम दूसरों में केवल वही देखते हैं, जो हममें है। इसलिए आइए, केवल सकारात्मक ही देखें।

अनुक्रम

भाग-2

दूसरों से अपना संबंध

भाग-1

खुद से अपना संबंध

'मैं'

यह एक शब्द है, जो कई साम्राज्यों के पतन का कारण बना है। यद्यपि यह शब्द बहुत छोटा, निरर्थक और अकेला प्रतीत होता है, शायद हमें इस पर अफसोस भी हो। यह छोटा सा शब्द अहंकार का इतना बोझ उठा सकता है कि यह अपने रास्ते में आनेवाली किसी भी चीज का विनाश कर सकता है। आध्यात्मिक यात्रा पर मैं-पन के मिथ्या अहंकार पर विजय पाना सर्वप्रथम आवश्यक है। इसलिए हमें 'मैं' शब्द के प्रयोग से होनेवाले परिणाम से सावधान रहना है, ताकि बाद में हमें धोखा न खाना पड़े।

वाणिज्य और व्यापार जगत् तो भौतिक 'मैं-पन' के अस्तित्व का बचाव करने तथा इसको और ही पुख्ता करने के चारों ओर ही घूमता है। फैशन और डिजाइन, स्टॉक मार्केट, फूड इंडस्ट्री तथा टेक्नोलॉजी के संसार ने प्रतियोगिता, अभिलाषा तथा भय का ऐसा माहौल तैयार कर दिया है कि अहम का और ही आह्वान होता है। असंख्य अरब डॉलर इनाम दिया जाता है, लेकिन कहने की आवश्यकता नहीं है कि आंतरिक 'मैं' के विकास पर बहुत कम ध्यान दिया जाता है।

जब हम 'मैं' शब्द का प्रयोग करते हैं तो क्या यह सोचने के लिए ठहरते हैं कि हमारा अर्थ कौन से 'मैं' से है। 'मैं' शब्द अकसर स्वयं का वर्णन करने के लिए होता है, लेकिन हम कौन से 'मैं' को संबोधित कर रहे हैं? क्या यह वो है, जिसे हम आईने में देखते हैं, शारीरिक 'मैं' या

फिर वह, जो अंदर महसूस करता है—आत्मा, हमारे अस्तित्व का सार।

एक आध्यात्मिक यात्रा पर हमारा यही लक्ष्य होना चाहिए कि देह अहंकार को समाप्त कर उसे पवित्र बेदाग स्वाभिमान में परिवर्तित कर देना। लेकिन यह तभी संभव है, जब हम स्वयं की सत्य पहचान एक बिंदु-स्वरूप, गुण-स्वरूप आत्मा के रूप में जानते हैं। यह एक भ्रम है कि हम केवल मांस और हड्डियाँ हैं, जो एक दिन राख बन जाएँगी। यही हमारी सबसे बड़ी भूल है कि हम स्वयं को शारीरिक 'मैं' समझते हैं।

राजयोग हमें सिखाता है कि कैसे हम अपने पवित्र और यथार्थ 'मैं' की ओर लौट सकते हैं। यही वह अवस्था है, जब हम स्वयं की खोज पुनः एक अनुपम एवं दिव्य स्वरूप में करते हैं, चाहे हमारे शरीर रूपी वस्त्र का रंग कैसा भी हो या फिर हमने कैसा भी मुखौटा पहना हो, लेकिन हम यह समझते हैं कि इससे पहले कि हम ज्ञान प्रकाश से

आलोकित हों, हमें अपनी भोजन तथा मकान से शारीरिक जरूरतें पूरी करनी हैं; परंतु हम हमेशा शारीरिक जरूरतों तथा लोभ के बीच भूल कर देते हैं।

हमारे भ्रमित विश्वास में ही इस मिथ्या 'मैं' का वास होता है, जिससे हम मानते हैं कि हमारी पहचान हमारी भौतिक वस्तुओं से होगी; जैसे शरीर, जायदाद और विभिन्न किरदार, जो हम जीवन भर निभाते हैं। यह हम भूल गए कि जीवन-शक्ति जो शरीर के भीतर विद्यमान है, उसी से जीवन संभव है। यह ऐसे ही है जैसे आप अपने नए सुंदर फोन की प्रशंसा तो करते हैं, लेकिन यह भूल गए कि बिना चार्ज किए यह व्यर्थ है।

अपनी सार्वजनिक हैसियत पर ध्यान केंद्रित करने की तुलना में अपने हृदय की गहराई से 'मैं' कहना तथा स्वयं की विशेषताओं को महसूस करना पूर्णतया भिन्न है।

अगर हम सभी एक-दूसरे के साथ अपने व्यवसाय या हैसियत तथा मैं-पन के झूठे अहंकार को भुलाकर अपनी भीतरी विशेषताओं के आधार पर संबंध में आते हैं तो संसार बहुत ही सुंदर हो जाएगा।

बात और भी बदतर हो जाती है, जब हम 'मैं' के स्थान पर 'हम' का प्रयोग करते हैं। यह अहंकार को छिपाने का एक चतुर तरीका है। हम कहते तो हैं कि 'हम' कर लेंगे, जबकि वास्तव में 'मैं' है, जो सब करना चाहता है तथा नाम-मान का दावा चाहता है। यह बनावटी, कमजोर तथा झूठी नम्रता का 'मैं' है; क्योंकि विवेक यह जानता है कि यह एक आहंकारिक भ्रमण पर है, मिथ्या 'मैं' अपने को खुश करने के लिए अपनी इच्छाओं की पूर्ति करता है। जब सामूहिक 'हम' शामिल है तो अहंकार से जो अपराध हुआ है, वह थोड़ा कम हो जाता है।

जो यथार्थ 'मैं' है, वह कर्मेंद्रियों का मालिक है। परंतु कर्मेंद्रियों का मालिक बन उनको आदेश देने के स्थान पर हम उनके गुलाम बन गए हैं।

वह हमारे मालिक हैं और हमें बताते हैं कि क्या खाना है, क्या छूना है, क्या सूँघना है। कई बार तो यह हमारी अनुमति के खिलाफ होता है।

हरेक विचार, जिसकी उत्पत्ति कर्मेंद्रियों की तरफ खिंचाव के कारण होती है, उससे हम देहाभिमान में आ जाते हैं। परंतु हरेक वह विचार, जो हमारे स्वाभाविक गुणों जैसे शांति, प्रेम और सत्यता के आधार पर उत्पन्न होता है, वह आत्माभिमानी स्थिति को बल देता है। एक ऐसे संसार में रहने के कारण, जिसमें बार-बार कर्मेंद्रियों की तरफ खिंचाव है, हम अपने को केवल शरीर समझने के अभ्यासी हो गए हैं। मन उसी बात का विश्वास करेगा, जो बात उसे बताई जाएगी। जैसे-जैसे आत्मा की सत्यता हमारी आँखों से ओझल होती है वैसे-वैसे हम आत्मा की असीम शक्तियाँ भी खो देते हैं। हम यह विश्वास करने लगते हैं कि हमारी शक्तियाँ हमारी शारीरिक क्षमता तक सीमित हैं या हमें लगता है, हमारी ताकत हमारी हैसियत पर आश्रित है।

एक ऐसे संसार की कल्पना करें, जहाँ अभिमान के 'मैं' के स्थान पर स्वमान का 'मैं' हो। यथार्थ 'मैं' को कभी यह महसूस नहीं होगा कि उसे रीस करने की आवश्यकता है या फिर दूसरों से मिल रही धमकी से डरकर खुद को बचाने की आवश्यकता है, चाहे किसी की नुकसान पहुँचानेवाली दृष्टि हो या कोई आक्रामक राष्ट्र। यह दूसरों को नियंत्रित करने की कोशिश कर अपने में स्वमान की कमी होने का परिचय नहीं देगा। यथार्थ 'मैं' को कभी जरूरत महसूस नहीं होगी कि वह अपने अंदरूनी दर्द को दूसरों के प्रति हिंसा में परिवर्तित करे। यह अपने मन के आवेश का तथा अपने चारों ओर की नकारात्मक ऊर्जाओं के दया का पात्र नहीं बनेगा, बल्कि वह स्वयं अपनी भावी का स्वामी बनेगा। इस संसार का दस्तूर डर नहीं, प्रेम होगा।

अब समय है··· शांतिपूर्वक बैठकर कुछ मधुर संगीत सुनते

हुए अपने आपको याद दिलाने का कि आपका अस्तित्व पवित्र, शांतिपूर्ण, प्रकाशमय और सत्य है। आप इस शरीर के स्वामी हैं। अपने अंत: दिव्य स्वरूप, जो निर्मल और अछूता है, उससे जुड़िए। इस आत्मसम्मान के लक्ष्य से आप अपनी कर्मेंद्रियों को बता सकते हैं कि मालिक कौन है।

□

अंतरात्मा की आवाज

हमारी अंतरात्मा की आवाज हमारे व्यक्तिगत नेविगेशन सिस्टम की तरह कार्य करती है। अगर हम इसे सुनते हैं तो यह हमारी सबसे बड़ी मित्र है और इसकी ओर ध्यान न देकर हम स्वयं को संकट में डाल देते हैं। जीवन के अधिकतर समय हम इसको दफना देते हैं, छिपा देते हैं या फिर बहुत कम महत्त्व देते हैं।

हमारी अंतरात्मा की आवाज हमारे विवेक की आवाज है। यह हमसे बात करती है और प्राकृतिक व आध्यात्मिक नियमानुसार हमें जीवन जीने के लिए संकेत और रोड मैप प्रदान करती है। यह एक ऐसा हथियार है, जो हमें एक ऐसी राह पर ले चलता है, जहाँ हम चारों ओर सभी के साथ सामंजस्य का जीवन जीते हैं। इसका हमसे अनुरोध है कि हम अपने जीवन में संतुलन बनाए रखें और इसकी मदद से हम यह मापते हैं कि हम क्या कहते हैं और करते हैं तथा क्या नहीं कहते और करते हैं। यह हमें सदा बुराई पर अच्छाई को चुनने के लिए तथा दुःखदायी कर्मों के स्थान पर सुखदायी कर्म करने का मार्गदर्शन देती है।

अंतरात्मा का प्राथमिक उद्देश्य है हमें सुख और शांति की छत्रच्छाया में सुरक्षित रखे। वह हमें ऐसे कर्म करने से रोकती है, जिसका हम पर और दूसरों पर हानिकारक प्रभाव हो। अगर हम अपनी अंतरात्मा की आवाज पर भरोसा करें और उसका पालन करें तो अंततः यह हमारे मन को शुद्धतम जागरूकता और श्रेष्ठ चेतना की ओर अग्रसर कर देती है।

आध्यात्मिकता का मार्ग हमें सलाह देता है कि हम अपने अंत:करण का पोषण करें तथा इसे अविरुद्ध सुनें।

श्रेष्ठ मार्ग पर चलने से, अच्छे और बुरे की पहचान करने से और अच्छे का अनुकरण करने से ही मन पर प्रभुत्व हासिल होता है। धर्म हमें सलाह देते हैं कि हम इसका पालन करें, जिससे हम केवल अनुयायी बनते हैं, मागदर्शक नहीं। बुद्धिमत्ता इसमें है कि हम हठधर्मिता में न अटकें, बल्कि धर्म द्वारा प्रस्तावित गहरे आध्यात्मिक मूल्यों को समझें। ज्ञान तो हमारे भीतर ही दबा है, जो हमारा ध्यान आकर्षित करने के लिए धीमे से दस्तक देता है। बस, हमें उसे सुनने के लिए समय देने की आवश्यकता है।

अगर हम अपनी आत्मा के भीतरी मूल्यों की ओर लौटें तो पाएँगे

कि गहरे स्तर पर अंत:करण पवित्र और अछूता है। अंतत: स्वयं के लिए केवल शांति, प्रेम और खुशी ही तलाशता है तथा दूसरों के लिए भी यही कामना रखता है।

इसलिए हममें अच्छाई को बुराई से अलग करने की, युद्ध के स्थान पर शांति की चाहना और खुशी तथा गम के अंतर को जानने की प्राकृतिक क्षमता है। बेशक, चाहे बाहर से कोई कितना भी दुष्ट दिखाई पड़े, हमारे अंतस्थ में एक ऐसी मेमोरी चिप है, जो कभी पूर्णरूप से अधिलेखित नहीं होता।

आइंस्टाइन ने अकसर आंतरिक आवाज का जिक्र नैतिक और भौतिक शिक्षा के स्रोत के रूप में किया है। कई बार हम ऐसा कुछ कर देते हैं या कह देते हैं, जो हम जानते हैं, ठीक नहीं है और हमारा अंतर्मन कचोटता है और हमें याद दिलाता है कि हम अपने मूल्यों के खिलाफ गए हैं तथा हमनें अपने गहरे सत्यों का उल्लंघन किया है। हमारे भीतर की व्याकुलता हमारी भावनाओं, शब्दों और कर्मों में अनुरूपता न होने का परिणाम है। यह सब एक भावना रूपी चिंगारी से शुरू होता है और हमारी भावनाएँ कभी झूठ नहीं बोलती। असहज भावनाएँ हमारे अंत:करण के लिए अलार्म की घंटी है जो स्वस्थिति को परेशान करनेवाले संभव घुसपैठियों से हमें चौकस करती है। इसके फलस्वरूप चुनाव करने का पल आता है और आत्मा शक्ति संपन्न होकर श्रेष्ठ कर्म करती है। जब आत्मा ऐसा नहीं कर पाती तो इसके फलस्वरूप दोषी अंत:करण का जन्म हो जाता है।

अपनी किताब 'दि अनकॉन्शस सिविलाइजेशन' में जॉन रॉल्सटन सॉल में लिखा है—

> *"समकालीन विकसित देशों में बहुत लोग अपने सही और गलत की समझ को बदलने के लिए सहमत हैं।"*

निश्चित रूप से यह बात कई उदाहरणों में सच है, जहाँ उपभोक्ता के रूप में हम आवेगपूर्वक बिना इस बात की तरफ ध्यान दिए कि हमारे ग्रह पर इसका स्रोत सीमित है, हम कुछ खरीद लेते हैं। क्या हमने अपने अंत:करण को खो दिया है? अपने वंशजों के प्रति बिना किसी नैतिक कर्तव्य के हम केवल वर्तमान में जी रहे हैं।

बहुत समय हम गलत निर्णय लेते हैं। हालाँकि, अज्ञानता या गलत इरादे से किए हुए अपने कुकर्मों का प्रत्येक व्यक्ति दोषी है। कर्म और प्रतिक्रिया का कानून, जिसे बहुत बार कर्मों का कानून भी कहते हैं, जिसका अर्थ है कि हम सभी अपने किए हुए कर्मों के परिणाम के जिम्मेदार हैं। इसलिए हमें अपने विचारों और कर्मों पर अधिक ध्यान देना चाहिए, क्योंकि कभी तो हमें ऋणों को चुकाना होगा या अपने कुकर्मों के लिए पछताना पड़ेगा। अपने अंतर की आवाज को ध्यान से सुनें।

निगमित सामाजिक जिम्मेदारी यह सामाजिक या सामूहिक अंत:करण को उन्नत करने का एक सकारात्मक कदम है। साथ ही कंपनियाँ और उद्यमी तथा स्टीवन स्क्युस्लर जैसे लोग, जिन्होंने रेनफॉरेस्ट कैफे की शुरुआत की है, वे परोपकार और लाभप्रदता दोनों का ही आनंद ले रहे हैं। वह कहते हैं—

"स्वयं की मदद करते हुए अगर हम दूसरों की मदद करते हैं तो यह प्रतिकूल नहीं है। यह सहक्रियाशीलता है।"

जब हम अपने अंत:करण को सुनते हैं तो हम स्वयं को भी उन्नति करते हैं।

अब समय है··· अपने अंतर की आवाज को सुनने का और जब अलार्म की घंटी बजती है तो बंद नहीं करना है। हमारा अंत:करण हमारा मित्र है, शत्रु नहीं। हमें डरने की आवश्यकता नहीं है, क्योंकि यह हमें बेहतर इनसान बनकर जीने और मरने के

लिए मदद करता है। विश्व शांति तभी संभव है, जब हम अपने नैतिक कर्तव्यों को समझते हैं और लागू करते हैं, अर्थात् हर एक मनुष्य, जो कि समूह का मुख्य हिस्सा है, हमें आवश्यकता है स्वयं के अंतःकरण को सुनने की और तद्नुसार अपने कर्मों को पवित्र बनाने की।

चिरायु एवं अनंत

'जैसा सोचोगे वैसा बनोगे' यह एक पुरानी कहावत है, लेकिन क्या हम कभी रुककर इसके अर्थ पर विचार करते हैं? किस प्रकार यह हमारी उम्र बढ़ने के प्रति वृत्ति को प्रभावित करती है?

शायद हम सभी किसी ऐसे इनसान को जानते हैं, जिनका शरीर कुछ अलग ही दास्तान ब्यान करता है, लेकिन इसके बावजूद हृदय से युवा है। ठीक ऐसे ही, कुछ लोग उम्र से पहले ही वृद्ध लगने लगते हैं या अपनी उम्र से कहीं अधिक बुद्धिमान। परंतु हम कितने वृद्ध हैं या कितने वृद्ध दिखते हैं, महसूस करते हैं या व्यवहार करते हैं ये अलग-अलग बातें हैं।

यहाँ तक कि अब विज्ञान भी हमें बताता है कि हमारी सोच हमारे वृद्ध होने को निर्धारित करती है। केवल हम ही वह प्राणी हैं, वृद्ध होने की प्रक्रिया से जागरूक हैं और जागरूक या सुषुप्त अवस्था में जो भी विचार उत्पन्न होते हैं, वह हमारे शरीर की प्रत्येक कोशिका को आदेश देने की भूमिका निभाते हैं। हमारी कोशिकाएँ हमारे प्रत्येक विचार को सुनती हैं और उसी अनुसार प्रतिक्रिया करती हैं। उदाहरण के लिए यह विचार 'जो मैं पहले कर सकता था अब नहीं कर सकता' या 'मैं बहुत वृद्ध हूँ', यह निश्चित रूप से यथार्थ हो जाएँगे। यही कारण है कि चेहरा हमारे मन का दर्पण बन जाता है—अगर आप आनंदमय महसूस कर रहे हैं तो आपका व्यक्तित्व खुशनुमा है।

इस अद्‌भुत तथ्य को वास्तव में समझने के लिए हमें अपने कदम भौतिक जगत् से परे आध्यात्मिकता की ओर ले जाने की आवश्यकता है। जबकि कुछ लोग अनंत युवा अवस्था के स्रोत को ढूँढ़ते हैं, लेकिन जो जीवन से सीखने के लिए तैयार हैं वह जानते हैं कि हम समय के असली रहस्यों को तभी खोज पाते हैं, जब हम स्वयं की वास्तविक पहचान को जानना प्रारंभ करते हैं; हमारा अपरिवर्तनीय अनंत भाग, आत्मा।

इस कालातीत क्षेत्र में उम्र बढ़ने को लेकर हमारी धारणा बदल जाती है। जब हम स्वयं को सभी बंधनों से मुक्त करते हैं और समय की सीमा से बाहर कदम रखते हैं तो युवक गंभीर और परिपक्व हो जाते हैं

तथा बुजुर्ग तरुणाई में पहुँच जाते हैं।

आत्मा कभी वृद्ध नहीं होती। यह सदैव युवा है और सदैव बुद्धिमान है। हमें एक चंचल बालक के रूप में, देखभाल करनेवाले अभिभावक के रूप में, एक कुशल नेता के रूप में और एक प्रबुद्ध साधु के रूप में आनंद लेना चाहिए; क्योंकि यह सभी हमारा ही एक हिस्सा हैं।

आमतौर पर हम स्वयं को केवल भौतिक जीव मानते हैं, परंतु इससे तो एक और झुर्री के दिखने से, एक और व्याधि के आने से, एक और वर्ष गुजरने से और ही संत्रास या भय पैदा होगा। मित्रों और प्रियजनों को खोने पर हमारी निकट आती मृत्यु का बोध बढ़ जाता है। जब हम अपने सत्य को और लक्ष्य को भूल जाते हैं तो जीवन-यात्रा ऐसे ही लगती है जैसे हम केवल समय बिता रहे हैं। बेशक हमारी यात्रा बहुत से अच्छे व बुरे अनुभवों से संगृहीत हो, परंतु सत्यता और लक्ष्य के अभाव में ऐसा महसूस होता है जैसे हम वस्तुतः एक अंधी गली की ओर बढ़ रहे हैं।

इसके विपरीत, आध्यात्मिक यात्री के विचारों से तुलना कीजिए, जो स्वयं का वर्णन एक चिरयुवा जीव के रूप में करता है, क्योंकि वह जानता है कि वह एक आत्मा है और अक्षय है। भौतिक शरीर का अंत उसकी यात्रा का अंत नहीं है।

हम यकीन करें या न करें, लेकिन हम सभी आध्यात्मिक यात्री हैं। जीवन का अभिप्राय 'करना' नहीं, बल्कि 'जीना' है। जिस पल में हम हैं उसे अनुभव करें और आनंद लें, क्योंकि वास्तव में केवल यही पल सदा हमारे साथ है। 'वर्तमान' में जीने से हम अपने शाश्वत स्वयं से जुड़ जाते हैं। इस निश्चितता की मनोस्थिति में परिवर्तन अब कोई खतरा नहीं है। यह केवल निरंतर प्रवाह की अभिव्यक्ति है। सबकुछ बहुत अच्छा है और बहुत अच्छा होगा। भय अब अनिवार्य नहीं है, क्योंकि जीवन का हर दिन उत्सव बन जाता है। हर पल का आनंद हमें सीखते हुए और आगे बढ़ते हुए लेना है।

आत्माभिमानी अवस्था में आध्यात्मिक यात्री आजाद होता है, क्योंकि उसकी आदत है समय और स्थान की सीमा से बाहर कदम रखने की। केवल सशक्त, पौष्टिक और जीवन को मान देनेवाले विचारों के चुनाव से हमारा तन पुनर्जीवित, तरोताजा और ऊर्जा से भर जाता है।

आखिरकार हम जानते हैं कि जब तक हमारी नियति की अनुमति है, तभी तक हम भौतिक वास्तविकता में हैं। परंतु हर पल को जी भरकर जीने का हम चयन कर सकते हैं और यात्रा में हर पल अगले कदम की तैयारी है।

अब समय है··संकीर्ण सोच से दूर होकर असीमित में कदम रखने का, जहाँ आप समय और भय के बाध्य नहीं हैं। अपनी अनंत विशेषताओं के माध्यम से स्वयं को व्यक्त कीजिए और दूसरों के साथ भी इसी प्रकार की प्रतिक्रिया करें। अधिकांश जानते हैं कि आप अतीत या भविष्य में नहीं रह सकते, आप केवल शाश्वत 'वर्तमान' में जी सकते हैं। तो प्रत्येक पल का भरपूर आनंद लीजिए।

□

कृपया अपने जूते उतारिए

गरम जलवायु में रहनेवालों के लिए घरों में या पवित्र स्थानों में प्रवेश से पहले जूतों का उतारना एक सामान्य बात है। परंतु क्या यह केवल स्वच्छता के कारण किया जाता है? वास्तव में, यह किस बात का प्रतीक है? क्यों यह परंपरा पीढ़ी दर पीढ़ी चली आई है?

जूते अकसर चमड़े से बने होने के कारण मानव के भौतिक पहलू के लिए उपमा हैं; देह-अभिमान का चमड़ा। बेशक हम चाहे कितने भी अमीर या गरीब क्यों न हों, लेकिन जैसे ही हम मस्जिद, गिरजाघर, आराधनालय या मंदिर में प्रवेश करते हैं, हम अपने साथ अहंकार या अभिमान को नहीं ले जा सकते, भले ही यह हमारे शरीफ चरित्र के आवरण में छिपा हो। हमें वह सब दरवाजे पर ही छोड़ना है।

देह अभिमान कई रूपों में आ सकता है। उदाहरण के लिए, हम कैसे दिखाई दे रहे हैं, इस बात के लिए अधिक चिंतित होना (कोई आश्चर्य की बात नहीं है कि सौंदर्य उद्योग करोड़ों डॉलर का व्यापार करता है), या देखा-देखी धन व संपत्ति के अधिग्रहण की चाहना और उसका प्रदर्शन करना और दूसरों की नजरों में अपनी हैसियत को ऊँचा करना। देह अभिमान अपने आपको हमारे सामने निम्नलिखित तरीकों से प्रकट करता है—शिकायत करना, आलोचना करना, टीका-टिप्पणी करना और दोषारोपण करना। निर्णय देना, ईर्ष्या और असंतोष अकसर देह-अभिमान की जड़ होते हैं।

इस 'देह-अभिमानी' वृत्ति के विपरीत 'आत्म-अभिमानी' स्थिति है। बल्कि इस आत्म-विनाशकारी व्यवहार के लिए प्रतिकारक आत्म-अभिमानी स्थिति है, जहाँ वास्तविक 'मैं' अंदर से संपूर्ण रूप से शांत, शीतल, संतुष्ट और सहज होता है। जब यह बात समझ में आ जाती है कि हमारे भीतर ही हमारे विश्वसनीय, अदृश्य गुण हैं तो संतुष्टता और सुरक्षा की भावना आती है; क्योंकि इसी मुकाम से शांति, प्रेम, आनंद, शक्ति, सत्यता, रचनात्मकता और करुणा के गुण उभरकर आते हैं।

प्रभु की नजरों में हम सभी समान और पारदर्शी हैं। श्रेष्ठता में असमानता तब आती है, जब हम शरीर को देखते हैं। सभी धर्म यह बताते हैं कि शरीर केवल एक मिट्टी का आवरण है या आत्मा को धूल ने ढँका हुआ है, जिसे स्पिरिट, रूह या आत्मा कहते हैं। दिलचस्प बात यह है कि आत्मा या एटम नाम ग्रीक शब्द 'अटोमोस' से आया है, जिसका अर्थ है, अविभाज्य—जिसे और आगे बाँटा न जा सके। इसलिए जब हम अपने मूल सार को जान जाते हैं तो हम मनोहर उपनामों से, ब्रैंड से और अपनी शिक्षा व परंपरा की प्रामाणिकता से आजाद हो जाते हैं।

इसी प्रकार से घर पहुँचकर जूते उतारने का कार्य भी विभिन्न परतों को हटाने जैसा है—अपने कार्य-स्थल पर विभिन्न किरदार निभाने के बाद अपने असली स्वरूप में परिवर्तन।

विडंबना यह है कि जैसे ही हम अहंकार की परत, जिसमें हमने खुद को बहुत समय से आराम से छिपाया हुआ था, उतार फेंकते हैं तो हम फिर से संपूर्ण बन जाते हैं। हम बुनियादी स्तर पर पहुँचकर अपने सार्वभौमिक परिवार के साथ मिलकर एक हो जाते हैं। हम स्वयं को स्वीकार कर लेते हैं और दूसरों को भी जैसे वे हैं, वैसे ही स्वीकार कर लेते हैं। हम उनके वास्तविक गुणों की सराहना करने लगते हैं, क्योंकि हम भौतिक परिधान के पीछे प्रत्येक की आत्मा की चमक देखने लगते हैं।

इस प्रकाश का वजन सोने या हीरे से नहीं कर सकते। इसका माप गुणों से होता है। गुणों का होना या न होना ही आत्मा को चमक देता है या इसे धुँधला बना देता है। देह-अभिमान की जो प्रत्येक परत हम हटाते हैं, उससे हम आत्मा के गुणों का नया स्तर प्रकट करते हैं।

अब समय है… अपने जूते उतारने का। वास्तविक बनें, सच्चे बनें। मुखौटों और स्वाँग की आवश्यकता के बिना अपनी वास्तविकता को पहचानें। मेडिटेशन में आत्मा की रोशनी से जागरूक होने का अभ्यास करें और आप स्वत: ही देह-अभिमान का आवरण त्याग देंगे। यह इस बात के समान है, जब हम एक अँधेरे कमरे में प्रवेश करते हैं तो हम अंधकार को भगाने की कोशिश नहीं करते, लेकिन बत्ती जला देते हैं।

□

स्वयं का मूल्यांकन

हरेक वस्तु, जिसे आपने अपने जीवन में आकर्षित किया है, वह इस बात का प्रतिबिंब है कि आप स्वयं को कितना योग्य मानते हैं, आप अपना कितना महत्त्व समझते हैं और जीवन के प्रत्येक क्षेत्र में आपने अपना कितना ऊँचा मूल्यांकन किया है। आत्म-सम्मान का समावेश एक ऐसी प्रक्रिया है, जो प्रारंभिक जीवन में आरंभ हो जाती है और अंत तक चलती है; क्योंकि यह एक प्रक्रिया है, मंजिल नहीं। स्वयं का महत्त्व बढ़ाकर और अपने आपको समझकर आप अपने आत्म-सम्मान में वृद्धि कर सकते हैं।

स्वमान या आत्म-सम्मान का अर्थ यह विश्वास है कि हम खुशी के योग्य हैं। स्वमान वह तरीका है, जिससे आप स्वयं से स्वयं के बारे में बात करते हैं, आप स्वयं के बारे में कैसा महसूस करते हैं और क्या सोचते हैं और अनुभव करते हैं कि आपके सामने आई किसी भी समस्या का सामना आप किस हद तक कर सकते हैं। अगर आप स्वयं के साथ अच्छा बरताव करते हैं तो दूसरे भी करेंगे। अगर आपका व्यवहार स्वार्थवश होगा तो संभव है कि लोग आपका आदर न करें और शायद फायदा उठा लें।

आत्म-सम्मान आत्म-विश्वास को जन्म देता है। आत्म-विश्वास एक मनोभाव है और जब इसे निश्चित रूप से प्रयोग किया जाता है तो व्यक्ति को खुद के बारे में और उनकी परिस्थितियों के बारे में

सकारात्मक परंतु यथार्थ दृश्य प्रस्तुत करता है। लेकिन इसका यह अर्थ नहीं है कि वे सबकुछ कर पाने में सक्षम होंगे। आत्मविश्वासी लोग अपनी योग्यताओं पर भरोसा करते हैं और सामान्यतया उनके जीवन में नियंत्रण होता है। यहाँ तक कि जब उनकी अपेक्षाएँ पूरी नहीं होतीं तब भी वे सकारात्मक रहते हैं और खुद को स्वीकारते हैं। वे अपनी परवरिश स्वयं करते हैं। वे अपने विचारों को नियंत्रित रखते हैं और कमजोर व नकारात्मक विचारों तथा भावनाओं की प्रवेशता से अपने आत्म-विश्वास को समाप्त नहीं होने देते और इसलिए शक्तिहीन नहीं बनते।

जिन लोगों में आत्म-सम्मान की कमी है, उनकी खुशी अधिकतर दूसरे लोगों की स्वीकृति पर निर्भर करती है। वे असफलता के डर से जोखिम उठाने को तैयार नहीं होंगे। अकसर वे सफलता की अपेक्षा नहीं करते। वे अपना दमन करते हैं और उनको मिली प्रशंसा को अनदेखा करते हैं। इसके विपरीत, आत्मविश्वासी लोग दूसरों की असम्मति का खतरा उठाने को भी तैयार हो जाते हैं, क्योंकि अकसर उनको अपनी योग्यताओं पर यकीन होता है। उन्हें ऐसा नहीं लगता कि स्वयं को स्वीकार कराने के लिए उन्हें किसी के अनुसार चलना होगा।

क्या आप स्वयं के बारे में उत्साहित महसूस करते हैं? क्या आईने को देखकर आप यह कहते हैं कि 'हाँ, जो मेरी ओर निहार रहा है, यह इनसान मुझे पसंद है।' क्या आप अपनी प्रतिभाओं के लिए शुक्रगुजार हैं? क्या आप जो हैं, उससे वास्तविक रूप से खुश हैं या आप किसी और की जिंदगी जीना चाहेंगे? आपको खुद के साथ हमेशा रहना है, इसलिए अपने आपको आप ही पसंद नहीं करेंगे तो कौन करेगा?

आत्म-सम्मान या इसका अभाव, हमारे काम में और हमारे निजी संबंधों में प्रवेश करता है और जो कुछ भी हम करते हैं, उस पर अपना असर छोड़ता है। आत्म-सम्मान को विकसित करने का अर्थ है कि आप हर पल उत्कृष्टता के अधिकारी हैं। यद्यपि अत्याहार, अधिक शराब

पीना, धूम्रपान करना और अकसर अपने वश में न होना या दूसरों को आपके साथ अशिष्ट व्यवहार करने की अनुमति देना—ये सभी स्वयं को आदर न देने के चिह्न हैं। दूसरे शब्दों में, आपके कर्म आपके आत्म-सम्मान को बहुत प्रभावित करते हैं।

अपने आपसे पूछिए, मुझे स्वयं को पसंद करने से क्या रोकता है? वे कौन से तरीके हैं, जो मुझे आत्म-विश्वास की कमी होने के कारण रोकते हैं? कौन सी वे बातें हैं, जो मैं इसलिए करता हूँ, ताकि दूसरे मुझे पसंद करें? कौन सी वे बातें हैं, जो मैं आत्म-सम्मान की कमी के कारण सहन करता हूँ? वे कौन सी बातें हैं, जिनके लिए मैं स्वयं को क्षमा नहीं करूँगा? मैं स्वयं को किस प्रकार सजा देता हूँ? उदाहरण के लिए, क्या मैं विलंब इसलिए स्वीकार करता हूँ, ताकि लोग मुझे पसंद करें? क्या मैं लंबे समय तक काम करके या जो काम कोई भी करना पसंद नहीं करता वह करके खुद को सजा देता हूँ? क्या मैं अत्याहार करके अपने भावनात्मक दर्द को दबाता हूँ?

आत्म-सम्मान की भावनाएँ अहंकार से बहुत भिन्न हैं। इसका अर्थ है अपनी आंतरिक विशिष्टता का, सुंदरता तथा आत्मा के मूल्य का ज्ञान होना तथा जागरूक होना। ऐसा नहीं कि केवल अपनी निपुणताओं, योग्यताओं या अपने आधिपत्य को या दूसरों की नजरों में अपनी इज्जत को महत्त्व देना। यह इस बात को स्वीकार करना है कि हम जिंदगी से उत्कृष्टता पाने के अधिकारी हैं और यह केवल इसलिए कि हमारा अस्तित्व है, इसलिए नहीं कि हम क्या करते हैं।

यहाँ आत्म-सम्मान बढ़ाने की कुछ युक्तियाँ हैं—

स्वयं का मूल्यांकन करें

स्वतंत्र रूप से स्वयं का मूल्यांकन करना सीखने से आप दूसरों के विचारों की अधीनता से बच जाएँगे। अपने अंदर ध्यान केंद्रित कीजिए

कि आप स्वयं के बारे में कैसा महसूस करते हैं। अपने विचारों की सँभाल कीजिए और स्वीकृति या सम्मान माँगकर अपनी व्यक्तिगत शक्तियों को दूसरों को न दें।

शक्तियों को महत्त्व दीजिए

हरेक काम जो आप करते हैं, उसका स्वयं को श्रेय दीजिए। हरेक साधु में एक पापी है और हरेक पापी में एक साधु है। साधु का पोषण कीजिए।

स्वयं से सकारात्मक वार्त्तालाप

आपके मन में हो रहे लगातार शोर को सकारात्मक बना दीजिए। खुद से प्रेमपूर्वक और सराहनीय बातें करें, न कि आलोचनात्मक और निर्णयात्मक। विषैले विचारों को समाप्त करें। जब आप स्वयं को पूर्णता की अपेक्षा करते हुए पाएँ तो स्वयं को याद दिलाइए कि आप अपना श्रेष्ठ प्रयास कर रहे हैं।

खतरा उठाइए; कुछ नया करें

जीवन को रोमांचक ढंग से देखें। नए अनुभवों के प्रति हार-जीत के अवसरों के बजाय कुछ सीखने का दृष्टिकोण रखें। ऐसा करने से नई संभावनाएँ पैदा होंगी और आपकी स्वयं को स्वीकार करने की समझ बढ़ेगी। ऐसा नहीं करने से हरेक संभावना हार में बदल जाती है और स्व-उन्नति में बाधा बन जाती है।

सकारात्मक लोगों के संग के प्रभाव में रहें

जिन लोगों के साथ आपको समय बिताना है, उनको ध्यान से चुनें। नकारात्मक एवं अधिक अपेक्षा करनेवाले लोग आपको ऊर्जाहीन बना देंगे और आपका आत्मसम्मान बढ़ाने में कोई मदद नहीं करेंगे। सकारात्मक और स्वस्थ मानसिकतावाले लोग अधिक प्रेरणादायक होते हैं।

स्लेट को साफ कर दीजिए

अंत:करण का निर्मल होना आत्मसम्मान के लिए बहुत आवश्यक है। अगर हम अतीत में किए हुए कर्मों के लिए दु:खी महसूस कर रहे हैं तो हम सूक्ष्म रूप से स्वयं को सजा देने की कोशिश करेंगे। अकसर हादसे इसलिए होते हैं, क्योंकि हमें लगता है कि हम इसके पात्र हैं। हम अतीत को बदल तो नहीं सकते, लेकिन उसे समझकर उससे मुक्त हो सकते हैं। अपने बारे में दुखी महसूस करने से हम और भी गलत कार्य करते रहेंगे।

जीवन को सुव्यवस्थित करें

अपने घर और जीवन को सुव्यवस्थित करें। अपने स्थान से अव्यवस्था को समाप्त करें। जिन वस्तुओं को आपने पिछले वर्ष प्रयोग नहीं किया है, उन्हें हटा दें। अगर आप स्वयं को और अपने समय को महत्त्व देते हैं तो आप अपने निजी स्थान को और अपनी व्यक्तिगत वस्तुओं को महत्त्व देंगे तो दूसरे भी महत्त्व देंगे। एक सुव्यवस्थित मन में कम, परंतु केंद्रित विचार होते हैं, जो कि दृढ़ व शक्तिशाली होंगे और इसका प्रतिबिंब एक सुव्यवस्थित परिवेश में दिखाई देगा। एक अव्यवस्थित मन अव्यवस्था ही पैदा करेगा; एक साफ मन स्पष्टता को जन्म देगा।

अब समय है··· स्वयं से आदरपूर्ण व्यवहार करने का। अपनी गलतियों के लिए स्वयं को माफ कर दें। जितना अधिक आप स्वयं को सम्मान देंगे उतना दूसरे भी देंगे। महान् व्यक्तियों को अपने जीवन में निमंत्रण देने के लिए स्वयं को ही महान् बना दीजिए, स्वयं के साथ रहने के लिए। आप इसके योग्य हैं और आप इसके हकदार हैं।

□

मन की कोचिंग

हम एक ऐसे संसार में रहते हैं, जहाँ बहुत से कोच, गुरु, आध्यात्मिक सलाहकार और सहायक पुस्तकें उपलब्ध हैं, तो भी मन को कुछ सेकंड से अधिक एक स्थान पर केंद्रित करना व्यावहारिक तौर पर असंभव लगता है। मन पारे की तरह है—अस्थिर और मुश्किल से थमनेवाला। चूँकि हमारे विचार हमारे कर्मों के बीज होते हैं तो यह अनिवार्य है कि हम अपने मन को काबू करें और इससे पहले कि कोई और करे, हम इसे कोचिंग देना शुरू कर दें।

स्वयं की जिम्मेदारी लेना ही प्रमुख है। दूसरों पर इलजाम लगाना बंद करें और अपने विचारों का स्वामित्व स्वीकार करें। आप अपने विचार रच रहे हैं, कोई दूसरा नहीं। जब आप कोई व्यर्थ विचार रचते हैं तो याद रखें कि कोई आपको कुछ नहीं कर रहा है; आप ही स्वयं को शक्तिहीन बना रहे हैं या दूसरों को आपसे शक्तियाँ छीनने की अनुमति दे रहे हैं। आपके रचे हुए प्रत्येक विचार के आप जिम्मेदार हैं, आपकी सरकार, आपके स्कूल के अध्यापक या आपके माता-पिता नहीं।

प्रक्षेपण बंद कीजिए। प्रक्षेपक का कर्तव्य है हर वस्तु को बड़ा करके दिखाना। यह 3 डी में बहुत आकर्षक ढंग से दिखाता है। इसी प्रकार से, हम एक अकेले छोटे विचार से शुरू करते हैं और इससे पहले कि हमें आभास हो, हम इसे अनुपात से कहीं अधिक बढ़ा कर देते हैं। दूसरों की ओर इन विचारों को फेंककर प्रतिक्रिया देते हैं। वास्तव में,

कुछ भी उतना विशाल नहीं है जितना दिखाई देता है। अपने आपसे पूछिए, 'क्या यह मतभेद, झगड़ा या विघ्न आज से एक महीने के बाद, एक साल या पाँच साल के बाद इतना ही महत्त्वपूर्ण होगा? क्या यह इतना ही महत्त्व रखेंगे? क्या मुझे इनकी उतनी ही परवाह होगी जितनी आज है?'

जिस प्रकार खेलों के शिक्षक खिलाड़ियों को अपनी जीत और लक्ष्य की कल्पना करने में मदद करने के लिए शक्तिशाली, सकारात्मक, अलंकार-युक्त भाषा का प्रयोग करते हैं, उसी प्रकार अगर हम जीवन में जीत की योजना बनाना चाहते हैं तो हमें स्वयं की सकारात्मक छवि बनानी होगी। हमें एक स्वस्थ मन, शरीर और आत्मा की सकारात्मक व शक्तिशाली छवि उत्पन्न करने की आवश्यकता है। अगर एक कोच निरंतर खिलाड़ियों की और खेल की गलतियों के बारे में ही बताता है तो संभवत: वह बहुत जल्दी अपनी नौकरी खो देगा। एक कोच का कर्तव्य है कि शक्तियों व कमजोरियों को पहचाने और फिर अपना ध्यान शक्तियों पर केंद्रित करे। आखिरी बार कब आपने अपनी पीठ थपथपाई थी किसी काम को अच्छा करने के लिए या अधिक सहनशील, परोपकारी और सक्षम बनने के लिए?

एक जीवन-कोच का कर्तव्य है अपने ग्राहकों के सपने, इच्छाएँ और अभिलाषाएँ स्पष्ट करे और मिशन व लक्ष्य को स्पष्ट करने में मदद करे। मन की कोचिंग का अर्थ है—हमें इस बात को आँकने की आवश्यकता है कि मन कितनी भली प्रकार कार्य करता है और जो बात सकारात्मक है, उसको बढ़ाने के लिए ध्यान केंद्रित करना। अपने आपसे पूछिए, 'क्या मैं स्वयं से सहानुभूति से बात करता हूँ? क्या मैं प्रत्येक गलती की सजा स्वयं को देता हूँ? क्या मेरा लक्ष्य मुझे स्पष्ट है? क्या मैं जैसा इनसान बनना चाहता हूँ, प्रतिदिन वैसा बनने की राह पर हूँ?'

कुछ खेलों में सही श्वास लेने के ढंग पर अधिक ध्यान दिया जाता

है। हमारे श्वसन की गुणवत्ता हमारी सेहत और जीवन की गुणवत्ता के लिए अत्यधिक महत्त्वपूर्ण है। समान रूप से, यह सुनिश्चित करना बहुत आवश्यक है कि मन भी भली प्रकार से साँस ले, क्योंकि हम जो विचार उत्पन्न करते हैं वह मन के लिए ऑक्सीजन है। वे शक्तिशाली भी हो सकते हैं और कमजोर भी। हमारी वृत्ति और विचार भी उसी का अनुसरण करेंगे। इसी प्रकार, अगर हमारे विचार सकारात्मक और निर्मल नहीं हैं तो जो परिवर्तन हम अपने जीवन में देखना चाहते हैं, उसे लाने के लिए पर्याप्त ऊर्जा हम उत्पन्न नहीं कर पाएँगे।

अंत में, कोच यह सुनिश्चित करता है कि खिलाड़ी विलंब न करें। वे कार्य करें और अभी करें। अगर प्रत्येक कसरत और प्रतिज्ञा को कल पर छोड़ दिया गया होता तो हमारे पास कभी असाधारण खिलाड़ी और उपलब्धि प्राप्त करनेवाले लोग नहीं होते। इसी प्रकार, रचनात्मक और प्रेरित रहने के लिए हमें अपने मन को इसी समय कार्य में लगने की कोचिंग देनी होगी। अगर हम इसे कल पर छोड़ देते हैं तो शायद कभी न हो। विलंब करना बरबाद कर देता है। यह विचार, प्रेरणा व इच्छा को समाप्त कर देता है और हम वर्तमान की शक्ति को खो देते हैं।

अब समय है… यह पहचानने का कि आप ही हैं, जो अपने मन को चला रहे हैं और इसे प्यार से लेकिन दृढ़ता से स्वस्थ, अधिक लचीला, सकारात्मक और शक्तिशाली बनने की कोचिंग दें। वास्तव में यही तरीका है जीवन के खेल में जीतने का।

□

आत्मिक पुरुषार्थी

आत्मिक पुरुषार्थी निरंतर सुधार और व्यक्तिगत विकास के लिए प्रयासरत रहता है। अगर कोई जीवन को एक कलाकार की दृष्टि से देखे और जीवन के हर अनुभव को एक श्रेष्ठ कृति बनाने का साधन समझे तो जीवन आनंदमय और रचनात्मक है, बजाय कि केवल काम और संघर्ष के।

एक कलाकार बहुत प्रकार के तत्त्वों का मेल करके सबसे उत्तम परिणाम निकालता है। एक फूलवाले का उदाहरण लीजिए, जो विभिन्न प्रकार के फूलों को व्यवस्थित करके एक उत्कृष्ट गुलदस्ता तैयार करता है। एक रसोइया विभिन्न मसालों को मिलाकर स्वादिष्ट भोजन तैयार करता है। एक दर्जी कई प्रकार के रंगों और बनावट के कपड़ों को काटकर एक प्रचलित परिधान सिलाई कर देता है।

जैसे एक प्लास्टिक सर्जन छुरी से मांस को वांछित रूप प्रदान कर देता है, क्या हम अपने भाग्य के निर्माता बनकर जैसी हमारी चाहना है, वैसा जीवन नहीं बना सकते? दिल के टूटे हुए टुकड़ों को जोड़ने की हमारी क्षमता से ही श्रेष्ठ कलाकृति बनेगी। किसी ने दिल में दरार डाल दी है, कोई उन टुकड़ों को लेकर चला गया है और कुछ टुकड़े हमने रास्ते में लोगों के हाथों और स्थानों पर खो दिए हैं। लेकिन हमें माफ करना है, भूलना है, मुक्त होना है और बावजूद इसके कि हमने रास्ते में बहुत दर्द सहन किया है, पर हमें संबंध बनाते जाना है।

आत्मिक पुरुषार्थ एक कला है : यह फिर से संपूर्ण बनने का एक मार्ग है। जब हम अपने भीतर अवलोकन की दृष्टि से देखते हैं, तभी हम आत्मा के पुरुषार्थ का पुनर्मूल्यांकन कर सकते हैं। तभी हम परिस्थितियों को दूसरे तरीके से देखकर उनके प्रति अलग ढंग से प्रतिक्रिया दे सकते हैं, बजाय कि हमारे पुराने तरीकों का अनुकरण करने के या वे तरीके जो हमारे पास सहजता से उपलब्ध हैं।

किसी भी कलाकृति पर काम करने के लिए धैर्य और गंभीरता की आवश्यकता है। संतुष्ट होने से पहले हम इसे बार-बार देखेंगे। अंतिम परिणाम हमारे मन में स्पष्ट भी होगा, लेकिन वर्तमान सच्चाई की तुलना से हमें लगता है, अभी मंजिल दूर है। इसके लिए हमें धैर्य की जरूरत है।

सिलाई करना, मूर्ति बनाना, डिजाइनिंग और पाक कला की तरह ही आत्मा को संपूर्ण बनाना भी संपूर्ण जीवन भर की प्रक्रिया है। जैसे-जैसे संसार में नकारात्मक घटनाएँ बढ़ेंगी वैसे-वैसे हमारा धैर्य, सहनशीलता, दयालुता और करुणा की आवश्यकता और बढ़ेगी। हमारे रूपांतरण और व्यक्तिगत विकास की गति बदलते समय के अनुरूप होनी चाहिए। पुरानी और स्थिर मानसिकतावाले शायद पीछे छूट जाएँ।

कलाकारों का सामना सदा आलोचकों से होता है। कुछ ईमानदारी से रचनात्मक होते हैं और कुछ वैर भाव व ईर्ष्या से आलोचना करते हैं। आलोचना का कोई भी रूप हो, लेकिन आत्मिक पुरुषार्थी उसे सदा सकारात्मक रूप से लेता है; जो उपयुक्त है, उसे ग्रहण कर लेता है और जो नहीं है, उसका त्याग कर देता है। आत्म-संदेह की आवाज को बंद कर दें और आत्म-सम्मान की आवाज को बुलंद करें। अपना ध्यान अपने लक्ष्य पर केंद्रित रखें।

बहुत से कलाकार किसी-न-किसी प्रकार के अवरोध से जूझते हैं, जिससे उनकी रचनात्मकता में अड़चन आ सकती है। आत्मा के लिए सबसे बड़ी रुकावट आती है, जब वह सो जाती है या उससे भी बुरा तब

होता है जब वह यह भूल जाती है कि कभी वह कितनी सुंदर और शोभायमान थी। हम उस बात के लिए प्रयत्न नहीं कर सकते, जिसको कभी हमने जाना या अनुभव नहीं किया है। इसलिए अगर आत्मिक पुरुषार्थी का लक्ष्य एक शांति, खुशी और प्रचुरता की जिंदगी का है तो ऐसा इसलिए है, क्योंकि आत्मा ने पहले कभी ऐसा अनुभव किया है।

जब कोई वस्तु सुंदर होती है तो हर कोई उसे दोबारा भी देखता है। अधिकतर लोग अच्छे और बुरे तथा श्रेष्ठ और सबसे खराब के अंतर को परख सकते हैं। वे सबसे बेहतरीन चाहते हैं और उसके लिए कीमत चुकाने के लिए भी तैयार हैं। आत्मिक पुरुषार्थी की भी पैनी नजर होती है, जिससे कि वह अंदर के अच्छे और बुरे व्यक्तित्व को परख सकता है। इसके बाद हमें बस बुराई को जीतने की तथा अच्छाई को प्रकाशित करने की ताकत चाहिए।

अब समय है··· अपने आत्मिक पुरुषार्थी के किरदार को गंभीरता से लेने का और अपने भीतर की अच्छाई को परखकर उसे चमकाने का। अपने जीवन को सजाएँ और रचनात्मक बनना शुरू करें; रंग, चमक और कल्पना-शक्ति को प्रकट कीजिए। परिस्थितियों को अलग दृष्टिकोण से देखने का प्रयास करें और अपने चारों ओर चल रहे नाटक का आनंद लें। हरेक नजारा और घटना अंदर की प्रतिमा की सुंदरता को परिभाषित करने और सुधारने के लिए छेनी व हथौड़े का कार्य करे। आप ही वह सुंदरता हैं और आप ही वह आत्मा हैं।

□

आत्मिक परिधान

पारंपरिक परिधान की इतनी विशिष्टता होती है कि यह न केवल पहननेवाले के बारे में कुछ बताता है, बल्कि उनके जीवन, वातावरण और सामाजिक स्तर के बारे में भी बहुत कुछ बताता है। प्राचीन काल से ही कपड़ों की उत्कृष्टता, शैली और चमक ने किसी भी समाज के स्तर को प्रतिबिंबित किया है, फिर चाहे रंग हो, कपड़ा हो या पंख हो। इसके विपरीत, संगठन और संस्थाएँ जैसे कि विद्यालय, सार्वजनिक संस्थाएँ या कोई फास्ट फूड केंद्र, अपनी वरदी से समाज में अपनी भूमिका और दर्जे का संकेत देते हैं।

आज, हममें से बहुतों ने पश्चिमी ब्रांड नामों को पूरी तरह से अपना लिया है। डिजाइनर लेबल ही हमारी हैसियत का विवरण देते हैं। अपने व्यक्तित्व को दिखाने के लिए हमने अनजाने में अपनी खरीदने की क्षमता के आधार पर एक नई वरदी तैयार कर ली है। हमारे चारों ओर इस बात के बहुत से सबूत हैं कि हमारा पहनावा अब संस्कृति या नैतिक मूल्यों के आधार पर नहीं होता। परंपराएँ धीरे-धीरे खत्म हो रही हैं और जो चमक व तड़क-भड़क किसी समय केवल राजाओं और रानियों के लिए ही सीमित थी। आज वह किसी भी शॉपिंग मॉल में बहुतायत में देखी जा सकती है। वास्तव में डिजाइनर पोशाक पहनने में कोई बुराई नहीं है, लेकिन हमें स्वयं से यह सवाल पूछने की आवश्यकता है कि 'क्या मैं केवल यह पोशाक पहन रहा हूँ या स्वयं को

पोशाक समझ रहा हूँ?'

इस दुनिया में पहली छाप बहुत महत्त्वपूर्ण है, इसलिए अपनी पहचान बनाने की इच्छा को रोक पाना मुश्किल है। हमारे समाज के मूल्य हमें प्रकटन के आधार पर परखने के लिए प्रशिक्षित व उत्साहित करते हैं और हम उसके आगे नहीं देखते। अगर हम किताब को केवल आवरण से परख रहे हैं तो आप सोचें कि हम कितनी बड़ी भूल करते हैं। अगर हम बाहरी परत के परे सुंदर परत नहीं देखते तो हम स्वयं को अपने अंदरूनी खजानों की प्राप्ति नहीं करा सकते। एक आध्यात्मिक यात्रा वह है, जिसमें जिज्ञासु—गहरे रहस्यों को जानने की अभिलाषा में—विभिन्न परतों को हटाना शुरू करता है। मक्का की विशेष तीर्थयात्रा में यह सलाह दी जाती है कि मनुष्य को अपने शानदार वस्त्रों का त्यागकर सफेद चादर से बना साधारण लिबास ही पहनना चाहिए। इसका अर्थ है कि परमात्मा के सामने साधारण रहना है; कोई आभूषण नहीं, कोई दिखावा नहीं, कोई अहम् नहीं। यह बात हर धर्म के तीर्थयात्री पर लागू होती है। जैसे ही हम अपनी बाहरी परतों को हटाना आरंभ करते हैं, बाहरी 'मैं', जो हम संसार के समक्ष रखते हैं, तब हमें अहसास होता है कि अंदर भी परतों का अस्तित्व है। शरीर एक वस्त्र है, एक परिधान, जो आत्मा को ढँकता है और हमें अपने भीतर के महानतम खजानों को खोजने की आवश्यकता है। किसी भी तीर्थयात्रा में मन की पवित्रता भी आवश्यक है। हम भगवान् में तभी ध्यान लगा सकते हैं, जब हमारी बुद्धि औरों के वस्त्रों की ओर न जाए।

शरीर को साधारण लिबास से ढँकने का विवेक हमें यह संकेत देता है कि स्वयं को बुलंद करना है और अपनी आध्यात्मिक ज्योति को जगाने के लिए हमें तत्त्वों से परे जाना होगा। यह हमें याद दिलाता है कि परमात्मा के सामने हम सभी अनिवार्य रूप से समान हैं और अंतिम हिसाब के समय जो चीज हमें एक-दूसरे से जुदा करेगी वह कृत्रिम

सुंदरता, कीर्ति या मान नहीं होगा, बल्कि हमारे दिल की पवित्रता होगी। इसका महत्त्व नहीं है कि हमने स्वयं के लिए स्वार्थवश क्या किया, बल्कि दूसरों के लिए हमने क्या किया, यह अधिक महत्त्वपूर्ण है। यह बात भी मायने रखती है कि हमने मूल्यों के आधार पर जीवन व्यतीत किया हो।

अब समय है···स्वयं को दोबारा से जाँचने का कि आप स्वयं को कैसे परिभाषित करते हैं और आप प्रेम व सच्चाई के अपने गहरे मूल्यों के आधार पर कितना जीवन जीते हैं। जैसे-जैसे आप स्वयं के सत्य सार को समझना आरंभ करते हैं और अपने आस-पास के लोगों की सच्चाई एवं मूल्यों को देखते हैं तो आप सादा जीवन और उच्च विचार का स्वयं का फैशन निर्माण करने लगते हैं।

□

आत्मा की स्वतंत्रता

क्या आपने कभी सोचा है कि वह क्या है, जो आपकी आत्मा को सच्चे अर्थ में स्वतंत्रता देता है। कुछ सोचते हैं कि अच्छे वेतन और अच्छी संभावनाओं से युक्त नौकरी ही आजादी की डगर है। किसी को अपने जीवन-साथी को ढूँढ़ने में ही आजादी महसूस होती है। कुछ चाहते हैं कि सरकार हस्तक्षेप करे और उन्हें ऋण तथा कर अदाई से मुक्त कर दे। सच्ची स्वतंत्रता इसमें नहीं कि हम देश से भाग जाएँ या चाँद पर जमीन खरीदें। इसका सच्चा अर्थ है—स्वयं को आंतरिक दानवों से तथा नकारात्मकता से आजाद करना।

हर कोई आजादी चाहता है। हम चाहे जवान हों या बुजुर्ग हों, हममें से कोई भी शारीरिक या भावनात्मक रूप से सीमित होना या बँधना नहीं चाहता। स्वाधीनता अपने आपको व्यक्त करती है, अपना सिर उठाती है और तब तक बोलती है जब तक उसे सुना न जाए।

लेकिन वास्तव में आजादी के नाम पर हमने स्वयं को बंधन में बाँध लिया है। कैसे? अपनी शक्तियों को गँवाकर। अगर हम चाहते हैं कि सरकार हमारी दुनिया को ठीक करे तो हम अपने जीवन की लगाम उनको दे देते हैं। जब हम अपने जीवन साथी से अपेक्षा करते हैं कि वह हमारे जीवन में खुशी का और पूर्णता का स्रोत है तो हम अपनी शक्तियों का उसे त्याग कर देते हैं। हम जिंदगी के प्रति अपनी जिम्मेदारी को तज देते हैं, जिसके परिणामस्वरूप हम अपनी आजादी खो देते हैं।

प्रेम के नाम पर हम अपना व्यक्तित्व खो देते हैं और इसलिए अपनी आत्मा की स्वतंत्रता भी गँवा बैठते हैं। यह बहुत जटिल परिस्थिति है। हम प्रेम, विश्वास और अपने साथी की सुरक्षा की प्रबल कामना करते हैं; लेकिन अपने ठिकाने के बारे में तहकीकात भरी पूछताछ हम सहन नहीं कर सकते। इसलिए प्रेम भी एक प्रकार का पिंजरा लगता है।

व्यक्तिगत संबधों में हम विश्वास के नाम पर आत्मसमर्पण कर देते हैं। हालाँकि, आत्मसमर्पण की प्रत्येक परत के साथ हम अपनी

शक्तियों का भी त्याग कर देते हैं। समर्पण करने के साथ ही हम अधीन होते जाते हैं। सुरक्षित महसूस करना प्रतिबंधित हो जाने के समान लगता है।

यौन संबंध अपेक्षा-रहित नहीं हो सकते। जब हम अपने साथी से शारीरिक, भावनात्मक या यौन संबंधों के रूप कुछ प्राप्त करते हैं तो उसी पल हम वही अनुभव उसे वापस लौटाने के ऋणी हो जाते हैं। नि:शुल्क तो कुछ भी नहीं है।

ज्यों ही हमारा मेल-जोल बढ़ता है और हम दूसरे इनसान के व्यक्तिगत प्रसार में प्रवेश करने लगते हैं, इससे अंतरंगता का जन्म होता है और अगर हम ध्यान नहीं रखते और उस स्थान को आध्यात्मिक शक्ति एवं विवेक से नहीं भरते तो यह अंतरंगता हमारे निरादर और असम्मान का कारण बन सकती है। ऐसे संबंधों में जब मधुमास खत्म होता है तो शांति क्षेत्र अशांति क्षेत्र अनुभव होने लगता है। प्रेम निस्स्वार्थ भाव के बजाय एक बंधन बन जाता है। फिर बहुत देर हो चुकी होती है, क्योंकि हम पहले से ही क्रिया-प्रतिक्रिया का सिलसिला शुरू कर चुके होते हैं।

अपने अंदरूनी जगत् से उस इनसान को बाहर निकालना और भी मुश्किल हो जाता है, खासकर तब, जब मन में रोष की भावनाएँ उत्पन्न हो चुकी होती हैं। जब दूसरा इनसान आपके जीवन में इतना अंदर घुस चुका होता है तो आप महसूस करते हैं कि उन्होंने आपको अंदर से जकड़ लिया है। लेकिन सच्चाई से जाँच करें—क्या उन्होंने हमें फँसाया हुआ है या हमने ही अपने मन में उन्हें पकड़कर रखा है? स्वतंत्रता केवल एक विचार की दूरी पर है।

जैसे ही आपका आत्म-मूल्य बढ़ने लगता है तो अतीत स्वत: ही छूटने लगता है; क्योंकि आप महसूस करने लगते हैं कि आपके आंतरिक गुण अधिक महत्त्वपूर्ण हैं। अपने समय, विचारों, भावनाओं,

ऊर्जा और दूसरे साधनों को सम्मान देकर अपने आत्म-मूल्य को बढ़ावा दें और दूसरों को फायदा उठाने की छूट न दें। याद रखें, आप अपने व्यक्तिगत खजानों के मालिक हैं।

यह विरोधाभासी है, लेकिन स्वतंत्र आत्मा बनने के लिए एक महत्त्वपूर्ण रास्ता है कि आप स्पष्ट सीमाएँ निर्धारित कर दें कि कोई आपके व्यक्तिगत प्रसार और आंतरिक जगत् में कितना भीतर तक प्रवेश कर सकता है। याद रखें कि आप ही उनको प्रवेश की अनुमति देते हैं। हालाँकि सीमाएँ भी बंधन लग सकती हैं, लेकिन वास्तव में वे हमारी सुरक्षा के लिए हैं। उदाहरण के लिए, सुरक्षा पेटी बाँधने पर हमें असहज महसूस होता है, लेकिन फिर भी हम जानते हैं कि इसके होने से हम शांत और सुरक्षित हैं।

सच्ची स्वतंत्रता तब है, जब हम बिना किसी वस्तु या व्यक्ति के बाधा डाले जो करना चाहें, वह कर सकें और जो हम नहीं करना चाहते, उसके लिए कोई हमें बाधित नहीं करे।

हमें अपने मन को आजाद करने की आवश्यकता है। कभी यह बहुत जिद्दी हो सकता है और कभी भ्रांतिमय व जल्दी राजी हो जाता है। कभी मोह भी अपने अस्तित्व को सही साबित कर देता है, 'ओह, लेकिन इन लोगों को मेरी आवश्यकता है'। कभी अहंकार अपनी स्थिति को सिद्ध कर देता है, 'मुझे चीजों को सुचारु रूप से चलाने के लिए डिग्री की आवश्यकता है'। लोभ भी अपना सिर उठाता है और बहानेबाजी करता है—'लेकिन इस जीवन-शैली और आराम के साधनों के बिना मेरी सेहत बिगड़ जाएगी'। जितना हम स्वयं को इन बंधनों से आजाद करेंगे उतना आत्मा हल्का और स्वतंत्र महसूस करेगी।

अब समय है··· यह महसूस करने का कि जैसे ही आप स्वयं को अपनी आंतरिक नकारात्मकताओं, असुरक्षा की भावनाओं

और अधीनताओं से स्वतंत्र करते हैं, आप सच्ची और स्थायी स्वतंत्रता के प्रतिनिधि बन जाते हैं। अपने अंतर्जगत् की चाबी आपके ही पास है, इसलिए ध्यान से परखना सीखें कि कौन इसमें प्रवेश कर सकता है। अगर आप फँसा हुआ महसूस करते हैं तो अपने आपसे पूछिए, मैंने किस बात को पकड़ा हुआ है। एक सच्ची स्वतंत्र आत्मा किसी बात को नहीं पकड़ती। यही वह हल्कापन है, जो इसे उड़ने में मदद करता है।

□

सोल-मेट (जीवन साथी)

मिथ्या रोमानी प्रेम के लिए हमारा समाज बहुत बड़ी कीमत चुकाता आया है। यह एक बहुत आकर्षक धारणा है कि कहीं-न-कहीं पर हमारा सोल-मेट है, वह मि. या मिस राइट, जो हमें संपूर्ण बना देगा और जिसके मिलन से अकेलेपन, खोखलेपन, बोरियत और अयोग्यता की सभी भावनाएँ समाप्त हो जाएँगी। हम एक स्नेही साथी की प्यार भरी बाँहों में रहना चाहते हैं, जो हमारे व्यक्तित्व को गहराई से समझेगा। कवियों ने इस वादे को अपनी भावपूर्ण भाषा में व्यक्त किया है। सिलसिलेवार टूटते हुए दिल और शादियाँ इस भ्रम को तोड़ भी सकते हैं, लेकिन बहुतों के लिए यह सपना जारी रहता है।

इन दिनों आप कोई भी पत्रिका उठाकर देख लीजिए, आप अनेक लेख संबंधों को सुधारने तथा सच्चा प्रेम ढूँढ़ने के बारे में पाएँगे। अगर हर कोई सच्चा प्रेम ढूँढ़ रहा है और पत्रिकाएँ सभी प्रश्नों का उत्तर दे सकती हैं तो बहुत से लोग जीवन साथी को पाने के बाद भी अकेला और असंतुष्ट महसूस क्यों करते हैं? ऐसा प्रतीत होता है कि जितना हम प्रेम के विषय का विश्लेषण करके उसका आदर्श स्वरूप प्रस्तुत करते हैं उतना ही जिस बात की हम खोज कर रहे थे उससे दूर होते जा रहे हैं। प्यार के नाम पर हम अपनी बहुत सी अंदरूनी शक्तियों को खो देते हैं।

हमारे मन के धरातल पर संतृप्ति की सुंदर तसवीर वास्तव में स्वयं के साथ हमारे गहरे संबंध की तलाश की है।

आखिरी बार आपने कब अपने साथ सार्थक समय बिताया था? जैसे-जैसे हम अपने वास्तविक स्वरूप से दूर जाते हैं वैसे-वैसे हम अपनी जरूरतों को दूसरों पर प्रक्षेपित करना आरंभ कर देते हैं, जबकि वह दूसरा भी यही कर रहा होता है। चाहे दूसरे कितने भी जायज हों, लेकिन हम अपने आपको निराशा की स्थिति में डाल देते हैं। दूसरों की जिन विशेषताओं की ओर हम आकर्षित होते हैं, वास्तव में हममें उन विशेषताओं का अभाव होता है। यह कमी खालीपन को जन्म देती है। वास्तविक संतुष्टि पाने के लिए हमें स्वयं को जानने का और स्वयं को उन विशेषताओं से भरने का आंतरिक कार्य करना होगा। केवल तभी हमारे संबंध आवश्यकता और कमी के बजाय समानता और साझेदारी पर आधारित होंगे।

भाग्यशाली आत्मा यह समझती है कि उसके पास स्वयं के लिए जितना अधिक प्रेम होगा उतना ही वह संबंधों में प्रेम व्यक्त कर सकती है। उस व्यक्ति के पास स्वत: ही आत्म-सम्मान होता है और वह किसी भी संबंध के लिए विषैली साबित होनेवाली अपनी भावनात्मक कमियों को पहले ही समाप्त कर चुका होगा।

शुद्ध हृदय, संतुष्टता और सच्चे आंतरिक प्रेम की स्थिति में स्थित होकर ही हम बिना अधीनता और किसी अपेक्षा के अपनी शुद्ध भावनाएँ व्यक्त कर सकते हैं। अगर हम परिपूर्णता की इस स्थिति से प्रेम व्यक्त करते हैं तो निश्चित रूप से हम बदले में प्रेम का अनुभव करेंगे।

कल्पना करें कि हम सभी परिपूर्णता की स्थिति में स्थित होकर व्यवहार में आएँ तो निश्चित रूप से संसार एक सुंदर स्थान बन जाएगा। फिर हमें प्रेम में गिरना, इस उक्ति का प्रयोग और नहीं करना पड़ेगा, क्योंकि हम यह जान जाएँगे कि सच्चे प्रेम में केवल ऊँचा उठा जाता है।

आध्यात्मिक प्रेम नाप-तौल नहीं करता। यह किसी दूसरे की पूजा नहीं करता। आध्यात्मिक प्रेम अनंत, पक्षपात-रहित और विश्वास

करनेवाला होता है। यह बहुतायत में उपलब्ध होता है।

अब समय है··· अपने आपसे दोस्ती करने का। यह समय है प्रेम में ऊँचा उठने का और फिर से अपनी आंतरिक शक्तियों को और सुंदरता को पाकर संपूर्ण बनने का। सारा जगत् आपका धन्यवाद करेगा और आप अपने सच्चे सोल-मेट को पाकर आनंदित हो जाएँगे।

□

आंतरिक किले को तोड़ना

एक किले की छवि सदा से ही मोहक रही है। विरोधी ताकतों के हमलों का सामना करने के लिए बनाए गए ये एक सुरक्षित एवं आश्रय के स्थान को दरशाते हैं; दुश्मनों से बचाव के लिए एक दीवार और शक्ति का प्रदर्शन। कभी-कभी हम एक अंदरूनी दीवार बना लेते हैं, जो यही कार्य करती है, लेकिन अपने लिए सुरक्षित स्थान बनाने के भ्रम में कहीं हम स्वयं को ही तो कैद नहीं कर रहे?

किला चाहे बाहर बनाया जाए या भीतर, उसकी मोटी दीवारों में कोई सुरक्षा नहीं है; सुरक्षा केवल सदाचार में है। जब कोई गुणों से भरपूर है, हमेशा खुशी देता है और भले कर्मों का खाता जमा किया है तो उसे दीवारों की सुरक्षा की आवश्यकता नहीं है। जब अंतःकरण साफ है तो डरने की आवश्यकता नहीं है।

एक डरे हुए और कमजोर इनसान की तरह अपने आपको निराशा, अधूरे सपनों और दुःख देनेवाले लोगों से स्वयं को बचाने के लिए जिंदगी में बहुत जल्दी हम अपने भीतर किले का निर्माण कर लेते हैं। जैसे-जैसे हम बड़े होते हैं तो हमारे संचित नकारात्मक अनुभव इस दीवार को और ही सशक्त व अभेद्य बना देते हैं। अपने आपको सुरक्षित करने के प्रयास में हम स्वयं को दूसरों से प्रेम, सहयोग और शुभ भावनाओं की प्राप्ति से वंचित कर देते हैं।

जिन्होंने अपने भीतरी किले की दीवारों को मोटा कर लिया है,

समय उनमें दरार पैदा कर सकता है, जिससे रोशनी के साथ-साथ दूसरे लोगों को भीतर आने की अनुमति मिल जाती है। केवल जागरूक रहने से ही हम दीवारों के, भय के, दर्द एवं झूठे अहंकार से परे की आजादी के प्रति सजग हो जाते हैं। इससे सिद्ध होता है कि दीवारें हमें बचाने की अपेक्षा फँसाती और विभाजित अधिक करती हैं। जो ऊर्जा हम इन दीवारों को सशक्त करने में खर्च करते हैं, वह अंदरूनी शक्तियों को खोजने से अपने अस्तित्व में स्थित रहने की सुंदरता से सीखकर, जीवन के करामातों को अनुभव करके और प्रकाश की शक्ति का आनंद लेने से आती है—और प्रकाश आता है हमारे सच्चे आत्म-सम्मान से।

आध्यात्मिक शक्ति से हम यह जान सकते हैं कि जीवन जीने का एक बेहतर तरीका है और धीरे धीरे एक-एक ईंट हटाकर हम दीवारों और बाधाओं को तोड़ सकते हैं। दूसरों को भीतर आने देने से पहले हमें अपनी अपेक्षाओं का प्रबंधन करना होगा। समय के साथ और थोड़ी

दया की भावना रखकर हम अपने हृदय की बाधाओं को, विश्वास, भरोसे और स्वयं की सँभाल कर पाने की भावना में बदल सकते हैं।

जिनमें अंदरूनी दीवार को तोड़ने की हिम्मत है, उन्हें सफलता मिलती है। उनके पास स्थिति के अनुसार ढलने का तथा बदलाव को स्वीकार करने का शुभ अवसर है और वे जिंदगी की सुंदरता को ग्रहण करने की नई क्षमता विकसित कर लेते हैं। जीवन में आनेवाले उतार-चढ़ावों का सामना करने में वे सक्षम हैं। उनकी प्रेम करने और प्रेम पाने की शक्ति बढ़ जाती है। उनमें इस बात की बहुत अच्छी समझ आ जाती है कि वे कौन हैं और किस बात का समर्थन करते हैं और जीवन की किसी भी चुनौती के लिए तैयार हैं। अब संसार उनका दुश्मन नहीं है और डरने की कोई बात नहीं है।

जब एक दुश्मन आपको डराता-धमकाता प्रतीत होता है, विरोध करता है, आपको धोखा देता है और रास्ता रोकता है, तब आप निस्सहाय और भयभीत महसूस करने लगते हैं और आपके सामने 'फाइट' (मुकाबला करना) या 'फ्लाइट' (भागना), यही विकल्प रह जाते हैं। हालाँकि, मेडिटेशन की सहायता से हम सच्चाई जान जाते हैं कि दुश्मन बाहर नहीं है। असली दुश्मन दीवार के उस पार नहीं है, बल्कि अपने भीतर ही है। इसलिए, हम स्वयं से ही लड़ रहे हैं या स्वयं से ही भाग रहे हैं। दूसरे शब्दों में, हम अपने ही किले के भीतर लड़ रहे हैं।

वास्तव में, किलों का जमाना अब बीत गया है। अपने समय में वे उपयुक्त थे, लेकिन वर्तमान समय में ये हमारे इतिहास के स्मृति-चिह्न हैं। ऐसे ही अपने भीतर के किलों को भी मिटा दें। मेडिटेशन के माध्यम से किले की दीवारों को धीरे-धीरे तोड़ दें और उसके स्थान को प्रेम और प्रकाश के प्रभामंडल से भर दें। भय की दीवार के स्थान पर ऊर्जा के प्रवाह की रचना करें, जिससे आपकी वास्तविक शक्तियों और क्षमता

का उदय होगा और दूसरों को भी अंदर प्रवेश कर प्रकाश का अनुभव करने का निमंत्रण दें।

अब समय है... अपने स्वमान और आत्म-विश्वास के स्तर को जानने का। निर्भय बनें, अधिक उदार बनना आरंभ करें, स्वीकार करें और फिर देखें कि कितनी ईंटें हटती हैं और आत्मा को कितनी रोशनी मिलती है। जाँच करें कि आपकी स्वतंत्रता को किस बात से खतरा है। स्वयं से पूछें कि यह 'क्यों' या 'कैसे' हो रहा है। अपनी भीतरी शक्तियों, विचारों, शब्दों और आध्यात्मिक प्रेम का प्रयोग कीजिए, क्योंकि यही सच्ची सुरक्षा का घेरा है।

□

नो मैन (वूमन) इज एन आईलैंड

'नो मैन इज एन आईलैंड' यह प्रसिद्ध पुस्तक अंग्रेजी लेखक जॉन डन्न ने सन् 1624 में लिखी थी। जब डन्न एक गंभीर बीमारी से पुनः स्वस्थ हो गए थे, तब उन्होंने जीवन के प्रति अपने चिंतन को शृंखला के रूप में लिखा। यह बहुत दुर्भाग्यपूर्ण है कि ऐसे दिव्य रहस्योद्घाटन हमें तब होते हैं, जब हम रोग-शय्या पर होते हैं। जब हम जीवन के उतार-चढ़ाव से गुजर रहे होते हैं, उस समय हमें इनकी सबसे अधिक आवश्यकता होती है। यह कथन जितना सत्रहवीं सदी में मान्य था उतना आज भी है।

हम में से कइयों को अपनी स्वतंत्रता में गर्व महसूस होता है, चाहे हमारे अकेले चलने की क्षमता हो या संसार में अकेले ही अपनी जगह बनाना हो। इस स्तर की व्यक्तिगत सफलता स्वीकार्य है; परंतु क्या यह हमें परिभाषित करती है? क्या स्वतंत्रता का यह अर्थ है कि मैं स्वयं पर प्रभुत्व-संपन्न एक द्वीप (आईलैंड) हूँ?

अगर हम अपनी स्वतंत्रता को बहुत कसकर पकड़कर रखते हैं तो हम स्वयं सहभागी नहीं बन पाएँगे। सबसे महत्त्वपूर्ण बात है कि हम दूसरे लोगों के गुणों और योग्यताओं को साझा कर स्वयं को महान् बनाने के सुअवसर को खो देते हैं। स्वतंत्रता का महत्त्व एकता के महान् लक्ष्य से बढ़कर नहीं होना चाहिए।

जब हम भिड़ते हैं, अभिव्यक्त करते हैं और विचारों का आदान-

प्रदान करते हैं, तभी परस्पर संबंध अनुभव होता है। जैसे ही हमें यह अहसास होता है कि हमारा जीवन केवल हमारे अकेले के लिए नहीं है बल्कि प्रेम करने और साझा करने के लिए है तो हमें जीवन का एक लक्ष्य अनुभव होता है। कल्पना करें एक ऐसे संसार की, जहाँ हम सब केवल अपने जीवन के बारे में ही दिलचस्पी रखते हों और किसी भी जीवित प्राणी से हमारा कोई संबंध न हो। कोई स्पर्श नहीं, आवाज या आँखों से संपर्क नहीं : हरेक व्यक्ति एकांत में जीता हो और केवल अपने में ही तल्लीन हो और अपने बारे में ही चिंतित हो। क्या ऐसा जीवन जीने लायक है?

यह जीवन की विडंबनाओं में से है कि कुछ लोग अपना टी.वी. चालू छोड़ देते हैं, केवल इसलिए, ताकि घर में कुछ आवाज आती रहे। या फिर अपनी खिड़कियाँ खुली छोड़ देते हैं, ताकि बाहर के संसार की कुछ आवाज सुनी जा सके। वे अपनी स्वतंत्रता भी चाहते हैं, लेकिन बाहर के अनंत संसार से पर्याप्त संपर्क हो, ताकि यह निश्चित हो सके कि वे जीवित हैं।

नो मैन इज एन आईलैंड के इस विचार को काल्पनिक कहानियों के लेखक फरीग्यस करीन्थी ने और आगे जाँच किया है। 1929 की अपनी छोटी कहानी 'चेंस' के माध्यम से वे 'सिक्स डिग्रीज ऑफ सैपरेशन' अवधारणा के प्रथम समर्थक बने। 'सिक्स डिग्रीज ऑफ सैपरेशन' मत के अनुसार, 'दोस्त के दोस्त' कथन की शृखला में दो लोगों को जोड़ने के लिए अधिकतम पाँच मध्यवर्तियों की आवश्यकता होती है।

बाद के अनुभवजन्य अध्ययन ने खुलासा किया है कि यू.एस. जैसे अधिक जनसंख्या की सामाजिक संरचनाओं में 'थ्री डिग्रीज ऑफ सैपरेशन' का अस्तित्व है।

मात्रात्मक प्रमाण जो भी हो, लेकिन एक समान तत्त्व है, जो हम

सभी के बीच सूक्ष्म कड़ी का निर्माण करता है। वास्तव में, हम एक मानव जाल में संयुक्त हैं और हमारी निकटता की गुणवत्ता हमारे संबंधों के महत्त्व को निर्धारित करेगी।

जैसे-जैसे जीवन जटिल होता है, सहारे का महत्त्व बढ़ जाता है। विज्ञान के विकास से यह निष्कर्ष निकालने में मदद मिली है कि अगर कोई प्रजाति सहयोगी, अभिव्यक्तिशील, संयुक्त और परस्पर मददगार है तो उसके जीने की संभावना बढ़ जाती है। यह लगातार प्रमाणित हो चुका है कि वे लोग, जिनका सहयोग-तंत्र शक्तिशाली है और जिनमें समुदाय का मायना है, वे अधिक जीते हैं, बीमारी के प्रति अतिसंवेदनशील नहीं होते और अधिक खुशहाल व संतुष्ट जीवन व्यतीत करते हैं। जो कुछ हम सामूहिक रूप से एक परिवार, समाज या देश के रूप में प्राप्त कर सकते हैं, वह एक अकेले मनुष्य की अपेक्षा कहीं अधिक है।

आर्थिक, तकनीकी, सामाजिक, सांस्कृतिक और राजनीतिक कारकों के मेल से चालित वैश्वीकरण ने समाकलित होने के महत्त्व को प्रमाणित किया है। पारदेशी विचारों के प्रचलन, भाषाओं या लोकप्रिय संस्कृति भी वैश्वीकरण को संबोधित करते हैं। एक देश की सफलता, श्रेष्ठता, उन्नति, खोज, विकास या नवीनता अगर वह चाहे तो दूसरे के लिए भी सहायक है।

किंतु दुर्भाग्यवश, हम ऐसे समाज में रहते हैं जहाँ लालच के वश हरेक अपने आविष्कार पर एकाधिकार चाहता है। वास्तव में, संसार की रचना इन सीमाओं और हदों के साथ नहीं हुई थी, जो संसार के मानचित्र पर स्पष्ट दिखती है। यह हमारा अहंकार और मोह है, जिसने अलगाव और मिथ्या स्वावलंबन की भावना को पैदा किया है।

एक कहावत है कि जब एक तितली अफ्रीका में पंख फड़फड़ाती है तो उसके परिणामस्वरूप अलास्का में तूफान आता है। हम सभी अपने निर्णयों और कर्मों से एक-दूसरे को प्रभावित करते हैं। कोई भी

देश पृथक् नहीं है और अपने आपको पूरी तरह से आत्मनिर्भर नहीं मान सकता, चाहे अपने आपको कितना ही धनवान् या शक्तिशाली समझे।

हमने रूखेपन से अपने आसमान और समंदर को प्रदूषित किया है, लालची की तरह धरती माँ का दोहन किया है, पुनरावर्तन के बिना बहुतायत में व्यय किया है और अपेक्षा करते हैं कि संसार हमें वही उत्कृष्ट फसल दे। क्या यह व्यावहारिक या संभव है? क्या प्रत्येक वस्तु की एक सीमा नहीं होती?

कुछ बड़ी संस्थाओं ने सामाजिक उत्तरदायित्व उठाया है और लक्ष्य रखा है कि जो कुछ धरती से लिया है, वह उसे वापस दें; लेकिन संसार को फिर से भरपूर करने की जिम्मेदारी हरेक की है। हमारे घटते हुए स्रोतों को देखते हुए यह अनिवार्य है कि मानवता अपना पाठ सीख ले और इससे पहले कि बहुत देर हो जाए, ग्रह के सभी सदस्यों के साथ सहयोग करना आरंभ कर दे।

आध्यात्मिकता का अर्थ है—आपसी सहयोग और मदद। कोई शत्रु नहीं, कोई पक्षपात नहीं, समस्त विश्व में परस्पर निर्मल प्रेम। यह एक स्वप्न की तरह लगता हो, किंतु हर आत्मा में ऐसे विश्व की अभिलाषा है। सच्चाई यह है कि हम ऐसा कुछ भी नहीं चाह सकते, जिसको हमने कभी अनुभव नहीं किया हो।

जब सहनशीलता की कमी होती है तो हम स्वयं को दूसरों से अलग कर लेते हैं; अकसर हम पहले देने की बजाय पहले पाने की अपेक्षा रखते हैं। यद्यपि, एक ध्यानी या योगी होने के नाते जितना अधिक हम अपने आंतरिक द्वीप में शांत हैं उतनी अधिक खुशी हम उत्पन्न करते हैं और इस कारण दूसरों के साथ अधिक आत्मविश्वासी महसूस करते हैं। दूसरों को अपना श्रेष्ठ मित्र बनाने से पहले हम अपने मन को अपना श्रेष्ठ मित्र बनाना सीख जाते हैं।

अब समय है··· यह याद करने का कि जितना महत्त्व हम अपनी स्वतंत्रता को देते हैं, उतना महत्त्व औरों को भी देना है। जो सच्चे मायने में स्वतंत्र हैं, वे संसार में दूसरों के साथ सहयोग करते हैं, संपर्क रखते हैं और संबंध बनाकर रखते हैं। जो उनकी सहायता करते हैं उनकी वे सराहना करते हैं और जिन्हें उनके सहारे की आवश्यकता हैं उन्हें वे संरक्षण देते हैं। याद रहे, यह विश्व एक बड़ा टापू है, जिस पर हम सभी मिलकर रहते हैं। अगर हम संसार की सभी सरहदों और हदों को मिटा सकें तो ऐसा कुछ भी शेष नहीं बचेगा जिसे पार करना पड़े।

□

भाग-2

दूसरों से अपना संबंध

भावनात्मक सामीप्य

ऐसा क्यों होता है कि कुछ लोगों के लिए हम अपना सुरक्षा पहरा आसानी से गिरा देते हैं और आराम महसूस करते हैं, जबकि कुछ के लिए दीवार ढहने का नाम नहीं लेती। कुछ के साथ हम एक ही बरतन में खा सकते हैं तथा एक ही कप में पी सकते हैं; जबकि दूसरों से हम एक हाथ की दूरी रखते हैं।

यह एक आम धारणा है कि उत्तरी अमरीका के लोग वार्त्तालाप के दौरान तीन फीट की दूरी रखते हैं और दक्षिणी अमरीका के लोग या गरम प्रदेशों के लोगों को केवल कुछ इंचों की दूरी चाहिए। आराम और सामीप्य के स्तर को कौन सी बात निर्धारित करती है?

किसी के प्यार में पड़ने का कार्य भी अपने सुरक्षा घेरे को तोड़ने जैसा है। किसी को पहले अपने मानस और हृदय में फिर अपने पूरे जीवन में प्रवेश करने की अनुमति देना, जब तक कि भिन्नता का आभास न हो। इसे अकसर 'एक आत्मा दो शरीर' कहा जाता है।

क्या आपने कभी सोचा है कि ऐसा क्यों होता है कि क्रोध में हमें चिल्लाना पड़ता है, किंतु प्रेम में हम बहुत धीरे बोलते हैं? अगर शारीरिक सामीप्य समान है तो अंतर किस बात का है? प्रेम का एवं खुले दिल का।

हमारा शारीरिक सामीप्य और इससे भी अधिक महत्त्वपूर्ण भावनात्मक सामीप्य इस बात पर निर्भर करता है कि हम दूसरे मनुष्य

को समझने व सुनने के लिए कितने इच्छुक हैं, उसकी कितनी परवाह करते हैं और कितना उसके साथ अपने जीवन को साझा करते हैं। उदाहरण के लिए, दस लोगों से भरे कमरे में कदम रखना बहुत भारी लग सकता है, अगर हम उनसे परिचित नहीं हैं तो, अगर वे सभी आपके मित्र-संबंधी हैं तो दस की संख्या बहुत छोटी लगती है।

भौतिक खुले स्थान की आवश्यकता महसूस होना वास्तव में मानसिक स्वतंत्रता की चाहना है, जहाँ विचारधाराओं का टकराव न हो। जब किसी को सुरक्षित, स्वीकृत और प्रेमपूर्ण महसूस होता है तो रक्षा घेरा बनाने की आवश्यकता नहीं लगती। हमारे अधिकतर रक्षण आत्मसुरक्षा के ही रूप हैं। हमारी अतिसंवेदनशीलता में हम अनिश्चित होते हैं कि हमें किस प्रकार स्वीकारा जाएगा। इसलिए हम विनम्र बनकर, शांत होकर और स्वयं को अलग करके अपनी रक्षा करते हैं।

आखिरकार, हम किसी के कितने समीप हैं, यह इस बात से संबंधित है कि हम स्वयं के कितने समीप महसूस करते हैं। हम अपने मनोभावों, जैसे—डर, संवेदनशीलता और व्यथा के कारण स्वयं को किसी के साथ शामिल करने के अधिकार से वंचित कर देते हैं। अगर हम सच्चे हैं तो हमें स्वयं को बचाने की और युद्ध करने की आवश्यकता नहीं है। हम खुले दिल से शामिल हो सकते हैं। अगर हमारा हृदय भरपूर है तो हम स्वयं को इस भय से मुक्त कर देते हैं कि कोई हमें दुःख दे सकता है। असल में, दूसरों के व्यवहार के प्रति हमारी प्रतिक्रिया ही हमें दुःख देती है। अगर हम विशाल हृदय रखते हैं तो हम खुशियाँ बाँटने में इतने व्यस्त होंगे कि हमें किसी भी बात से दुःख लेने का समय ही नहीं रहेगा। इसलिए सुरक्षा की आवश्यकता नहीं है।

समस्त विश्व को एक परिवार के रूप में बनाने के लिए हमें अपने हृदयों और दिमागों को खोलने की तथा हरेक को स्वीकारने की आवश्यकता है। हमें कम आलोचनात्मक और अधिक स्वीकार

करनेवाला बनने की आवश्यकता है। अगर हमें एक ऐसा विश्व बनाना है, जिसमें कोई बाधा नहीं हो तो सबसे पहले हमें स्वयं से दोस्ती करने की आवश्यकता है और उसके बाद जो स्वाभाविक लगे वह करें, स्वयं ही प्रेम बनें, प्रेम दें।

अब समय है... यह समझने का कि जो दीवारें आपने अपने चारों ओर बनाई हैं, वे आपकी सुरक्षा नहीं करेंगी बल्कि आपको अकेला कर देंगी और फँसा देंगी। उनसे मुक्त होने से संभावनाओं का एक नया संसार आपके सामने होगा।

□

देंगे तो पाएँगे

हमारे मन की शांति के लिए यह आवश्यक है कि जब भी हम दें तो सच्चे हृदय से दें। जब हम शर्त के साथ देते हैं तो लेनेवाला और न ही देनेवाला कोई भी सदा के लिए खुश नहीं रह सकते। जब हम किसी शर्त के साथ देते हैं तो इससे संबंध बिगड़ जाता है, भले ही हमारे इरादे कितने भी नेक हों।

जैसे अगर बॉबी के लिए उसकी माँ एक स्वेटर बुनती है और अपेक्षा करती है कि सप्ताह में एक बार बॉबी उसे अवश्य पहने तो शायद वह दबाव महसूस करेगा और सोचेगा कि उसने स्वेटर ली ही क्यों। अगर कैनी ने काइल को एक आईफोन दिया तो अब काइल की मरजी है कि वह उसका क्या करे। चाहे वह उसे अपने छोटे भाई को दे, बेच दे या कूड़ेदान में फेंक दे। एक बार कोई उपहार दे दिया गया तो फिर देनेवाले का कोई अधिकार नहीं रह जाता। दोनों ही दलों को बहुत ठेस पहुँचती है, जब दान बहुत अपेक्षा से दिया जाता है। दूसरे दल से कृतज्ञता की कमी के कारण हमारे अहम को चोट पहुँचती है। इससे पता चलता है कि हमारा देना वास्तव में लेने का प्रयास था। हमने दिया, क्योंकि हमें बदले में कुछ चाहिए था।

जन्मदिन के उपहारों का क्या? क्या आप अपने आप ही समझ लेते हैं कि जिसको आपने दिया है, उससे आपको जन्मदिन का उपहार मिलेगा ही? शायद आप इस बात से परेशान भी हो सकते हैं, जब

आपको यह अहसास होता है कि उनके द्वारा दिया गया उपहार आपके द्वारा दिए गए उपहार की कीमत से मेल नहीं खाता।

कुछ देकर फिर पूर्वानुमान में वैसा ही कुछ पाने के लिए प्रतीक्षा करना या धन्यवाद के रूप में या आभारोक्ति, हमें मोहताज बना देता है। जब हम देते हैं तो प्रचुरता और उदारता से दें। विगत समय के राजाओं के बारे में विचार करें, जिनके पास संपत्ति के अथाह खजाने होते थे। उन राजाओं के पास प्रचुर धन-संपत्ति होती थी और उनके भंडार कभी खाली नहीं होते थे। इसलिए राजा बनें, भिखारी नहीं। इन सबसे पार आत्मा के साम्राज्य में जाएँ। जब आत्मा प्रचुर और भरपूर थी तो वह बिना किसी लेने के विचार के सिर्फ देना ही जानती थी। अब हदों से पार जाएँ और आत्मा के साम्राज्य में अपने आंतरिक संसाधनों को खटखटाएँ।

कृतज्ञता की उम्मीद और हमने जो दिया, उससे अधिक पाने की चाहना के साथ ही हम शेखी बघारने लगते हैं कि हमने कितना त्याग

किया है, या इस बारे में शिकायत करते हैं कि हमें क्या छोड़ना पड़ा। हम अपने बच्चों को बताते हैं कि उन्हें बड़ा करने के लिए हमने कितने सुअवसरों को खोया है। हम अपने जीवन साथी को समय की कमी होने के कारण कुछ दिलचस्प न कर पाने के लिए शिकायत करते हैं, क्योंकि एक पालनकर्ता की भूमिका में हम बहुत अधिक व्यस्त हैं। यह बहुत अच्छा रहेगा, अगर हम इस प्रकार के बलिदान के चर्चे न करें तो। स्वयं को बलि के बकरे के रूप में या शहीद के रूप में प्रस्तुत करने से हम किसी के प्रिय नहीं बन सकते। यह भावनात्मक ब्लैकमेल करना है और इन परिस्थितियों से किसी को सुख नहीं मिलता। परिपक्व बनें और अपनी मरजी से सबकुछ करें, किसी के दबाव में आकर या लोगों को खुश करने के लिए नहीं। दूसरों को, बिना उन्हें आपका ऋणी महसूस कराए जो भी आप कर रहे हैं, उसे प्रशंसा करने की अनुमति दें।

आज तलाक का सबसे बड़ा कारण है कि एक सोचता है कि वह दूसरे से अधिक भार ढो रहा है। निस्संदेह, अभिव्यक्ति आवश्यक है, लेकिन इससे भी अधिक आवश्यक है कि जो कुछ कर रहे हैं, वह इसलिए करना, क्योंकि आप करना चाहते हैं। जब एक-दूसरे की परवाह पवित्र उद्देश्य से नहीं की जाती है तो अंत में दुःख की ही प्राप्ति होती है और यह दुःख संबंधों में कड़वाहट के रूप में छलकता है। जब भी हम देते हैं या आत्म-बलिदान के रूप में कुछ छोड़ते हैं तो सच्चे दिल से करें।

जिस आत्मा में अधिक आत्मसम्मान होता है, उसमें अधिक स्वाभिमान भी होता है और किसी प्रकार की भावनात्मक समस्या से गुजर रहे मनुष्य से बरताव में आते समय वह कम जरूरतमंद और निर्भर होगी। जब हम एक आध्यात्मिक हृदय से, पूर्णता और प्रचुरता से और आंतरिक प्रेम से देते हैं, तभी सच्चा आदान-प्रदान कर सकते हैं। जितना भरपूर हम अंदर से महसूस करेंगे, उतना ही कम बाहर के स्रोत से पाने

की जरूरत महसूस होगी। एक ऐसे संसार की कल्पना करें, जहाँ लोग केवल दाता हों, लेनेवाले नहीं।

याद रहे कि कहावत है—'देंगे तो पाएँगे', न कि 'पाएँगे तो देंगे'। दूसरे शब्दों में, जो कुछ आपके पास है उसे दें तो निस्संदेह आपको मिलेगा। देने से पूर्व कुछ पाने का इंतजार नहीं करें। 'बोने और काटने' का नियम पहले बोने की अर्थात् अदा करने की माँग करता है। इससे पूर्व कि धरती वह हमें फसल से पुरस्कृत करे, हमें धरती को देना है। हम जानते हैं कि अगर हमारे कर्म अच्छे हैं तो हमारे नेक इरादों रूपी बीज से अति श्रेष्ठ फल की प्राप्ति होगी।

जहाँ संबंधों में कड़वाहट है वहाँ क्षमादान ही उपाय है। ऐसा करने के लिए पहले हमें स्वयं को फिर से भरपूर करना होगा और जो कुछ दिया है, उसके रिक्त स्थान की एक बार पुनः पूर्ति करनी होगी। हम सोचते हैं कि क्षमादान दूसरों के लिए है परंतु वास्तव में इसका आरंभ आपसे होता है।

हृदय से देते हुए थकें नहीं। हमारा एकमात्र प्रयोजन केवल देना है। प्रकृति माँ निरंतर देती है और ऐसा ही करना हमारा भी स्वभाव है। प्रकृति माँ हृदय से देती है, क्योंकि वह जानती है कि प्रचुरता ही नैसर्गिक सिद्धांत है। हम शायद जो सोचते हैं यह उसके विपरीत है, जब हम हृदय से देते हैं अर्थात् वह स्थान जहाँ पहले से ही प्रचुरता है तो देने से हम रिक्त नहीं हो जाते।

दान करने से हम भरपूर हों, रिक्त नहीं। देने का आनंद लेने से कहीं अधिक है। जब हम देते हैं तो जानते हैं कि हम प्राप्त करेंगे, इसलिए कुछ खोने का भय नहीं रहता। वे लोग, जिनका हृदय खाली है और जो देते नहीं हैं और इसी कारण स्वयं को खाली व भयभीत महसूस करते हैं, क्योंकि उन्होंने जीवन के नैसर्गिक प्रवाह, जिसके अनुसार देना ही लेना है, में भाग नहीं लिया। इसलिए, सदा याद रखें कि लेने-देने

का मूलभूत सिद्धांत है—जो कुछ देंगे वही वापस पाएँगे।

अब समय है…केवल देने के निर्मल आनंद के लिए देने का। दें, क्योंकि आप देना चाहते हैं। अपनी डींगें ना हाँकें कि आपने जीवन में कितना बलिदान दिया है या वर्तमान समय में दे रहे हैं। दूसरों को कसूरवार महसूस मत कराइए। आपके पास विकल्प है, उसका उपयोग कीजिए। सुनिश्चत करें कि आपका देना आपको मिले हुए जन्मदिन के उपहारों के बदले में न हो, दिल से दें और बदले में कुछ अपेक्षा न रखें। एक बार आपने यह प्रक्रिया आरंभ कर दी तो ध्यान रहे कि आपको इतना मिलेगा कि आप सँभाल भी नहीं पाएँगे।

□

मुझे बहुत क्रोध आता है, जब···

दूसरों की ओर उँगली उठाने में और गलतियाँ ढूँढ़ने में हम में से ज्यादातर लोग माहिर हैं। लेकिन क्या हम उतने ही माहिर स्वयं की ओर उँगली उठाने में भी हैं?

अगली बार जब आप खुद को किसी चीज की आलोचना करता पाएँ या दूसरों की शिकायत करता पाएँ तो इस वाक्य का बाकी का हिस्सा पूरा करें, 'मुझे बहुत क्रोध आता है, जब···' और वे सभी बातें लिखें, जो इस इनसान के करने से आप परेशान हो जाते हैं।

उदाहरण के लिए, 'मुझे बहुत क्रोध आता है, जब यह इनसान चीजों को वापस अपनी जगह पर नहीं रखता।' या 'मुझे बहुत क्रोध आता है, जब वे अपना वाक्य पूरा करने में देर करते हैं।' या 'मुझे बहुत क्रोध आता है, जब यह व्यक्ति मीटिंग में देरी से आता है।'

जब आप थोड़ा साहस करके गहराई से देखेंगे तो पाएँगे कि बिलकुल वही चीजें हैं, जो आपको स्वयं के बारे में पसंद नहीं हैं।

ये मामले दूसरों पर प्रक्षेपण हो सकते हैं या जीवन का वह क्षेत्र, जिसमें आप स्वयं को सुधारने का प्रयास कर रहे हैं, लेकिन पर्याप्त सफलता नहीं मिल पा रही है। क्योंकि नहीं तो आप उसे पहचानते कैसे? ये तत्काल की हुई प्रतिक्रियाएँ हमारी आत्मा में क्या चल रहा है, उसके बारे में बहुत सी जानकारी देती हैं और वहीं पर गहराई में बदलाव की आवश्यकता है, न कि बाहर।

अब समय है… सहानुभूति के पल बाँटने का, यह जानते हुए कि जिस बात का आज हम तिरस्कार कर रहे हैं, उसी बात के हम भी अपराधी हो सकते हैं। प्रेम पहाड़ को भी हिला सकता है, इसलिए स्वयं से प्रेम कीजिए और अपने अंदर के पहाड़ को हिलाने का प्रयत्न आरंभ करें। और आप देखेंगे कि दृश्य अपने आप ही बदल जाएगा।

□

सिर्फ अपेक्षा नहीं, विचार भी करें

हम एक दोष-युक्त या त्रुटिपूर्ण संसार में रहते हैं, फिर भी अपने संबंधों को दोषहीन होने की अपेक्षा रखते हैं। हम चाहते हैं कि लगभग सभी दोष-रहित बन जाएँ—मित्र, परिवार, सहकर्मी, बस चालक और यातायात नियंत्रक। लेकिन क्या यह एक अनुचित माँग नहीं है? हम आसानी से भूल जाते हैं कि हम स्वयं भी संपूर्ण नहीं हैं। अपने अहं को जीतना और दूसरों को गुण-दोषों सहित स्वीकार कर लेना, यह संबंधों में मधुरता के लिए बहुत आवश्यक है। दूसरों को बदलने की कोशिश करने से सामंजस्यता नहीं आएगी।

हम अकसर अपेक्षा करते हैं कि जब हम किसी के साथ कुछ कार्य करने के लिए सहमत हो जाते हैं तो अपेक्षा करते हैं कि सबकुछ आसानी से हो जाए। यह हमेशा होता नहीं है। श्रेष्ठता की आशा अवश्य रखें, लेकिन किसी भी क्षण बदलाव के लिए तैयार रहें। जितना हम दूसरों से कम माँग करेंगे उतना ही हमारा संबंध वैमनस्य-रहित और खुशहाल बन जाएगा।

लोग अंतर्ज्ञानी होते हैं। जब हम उन्हें बदलने की, नियंत्रित करने की या सुधारने की कोशिश करते हैं तो उन्हें अहसास हो जाता है। हम लोगों को पसंद करते हैं और साथ ही हमें उन्हें बदलना भी पसंद है, जैसे कि वे मिट्टी के बने हैं और शायद हलकी सी टिप्पणी और थोड़ी आलोचना व परिहास करने से उनका आकार ठीक हो जाएगा। कोई भी

जब यह महसूस करता है कि आप उसको बदलना चाहते हैं तो वह विरोध करेगा और संभवत: विपरीत दिशा में भागेगा।

अपने शब्दों को तौलें। गलत बरताव से बोले गए शब्दों को वापस ले पाना और सुधार पाना कठिन है। कई बार यह अच्छा रहता है कि हम थोड़ा सहन करें और धैर्य रखें और पहले स्वयं को ठीक करें, बजाय इसके कि अपनी लगातार माँगों से संबंध को खराब कर लें। वास्तव में, इसका कोई फायदा नहीं है कि सबकुछ सही हो और इसकी कीमत हमें अपने अनमोल रिश्तों की बलि चढ़ाकर चुकानी पड़े।

अगर आप लोगों में कमियाँ ढूँढ़ेंगे तो अकसर मिल ही जाएँगी। कोई भी संपूर्ण नहीं है; हम सभी दोष-युक्त हैं। आपका सबसे घनिष्ठ

साथी कभी-कभी संत के जैसा हो सकता है; लेकिन किसी समय पर वह आपको अवश्य निराश करेगा और अकसर तब जब उसकी सर्वाधिक आवश्यकता हो। यह जीवन का महत्त्वपूर्ण सबक है। यह हमें सिखाता है कि जीवन लेने और देने का खेल है। यह हमें सिखाता है कि हमें करुणामय, नम्र और दयालु बनना है और दूसरों से कुछ माँगना या अपेक्षा नहीं करनी है।

दूसरों की गलतियाँ और कमियाँ देखना तो बहुत आसान है। हमें उन्हें ढूँढ़ना नहीं पड़ता, क्योंकि हमने स्वयं को सकारात्मक न देखकर नकारात्मक देखने का प्रशिक्षण दिया हुआ है और इसलिए कमियाँ अपनी उपस्थिति का अहसास काँटों के रूप में चुभकर, उकसाकर और दर्द देकर करवाती हैं। लेकिन अगर हम इसे दूसरे तरीके से देखें तो हमें अहसास होगा कि दूसरों की कमियाँ देखकर हमें दुःख इसलिए होता है, क्योंकि उस क्षेत्र में अभी हमने प्रतिरोधक क्षमता को विकसित नहीं किया है।

उदाहरण के लिए, अगर मुझे दूसरों के कुछ कहने से दुःख पहुँचता है तो मैं स्वयं की जाँच कर सकता हूँ कि मैंने इस आहत के लिए स्वयं को तैयार किया है या नहीं। क्या मेरे कान पूर्वानुमान में प्रशंसा की मीठी धुन सुनने का इंतजार कर रहे हैं और क्या जब वाद्यवृंद मेरी मनचाही धुन नहीं बजाता तो मैं निराश हो जाता हूँ? अगर मेरे अहं को चोट पहुँचती है तो ऐसा इसलिए है, क्योंकि मुझमें अहं है। किसी ने मुझे दुःख नहीं दिया है; बल्कि मैंने स्वयं ही, शब्दों को मुझे प्रभावित कर सकने की अनुमति देकर, दुःख पहुँचाया है। मैंने अति संवेदनशीलता और अपेक्षाओं का चश्मा लगाकर उनका अर्थ निकाला है।

जब हम किसी की कमियों की ओर ध्यान और शक्ति देते हैं तो वे कभी आपको निराश नहीं करेंगे। वे एकदम वही करेंगे, जिससे आपको अप्रसन्नता मिले; क्योंकि आपका ध्यान देना उनके इस कार्य को बढ़ावा

देने के लिए ईंधन का कार्य करता है। वास्तव में ऐसा प्रतीत होगा कि आपको तंग करना ही उन्होंने अपना धंधा बना लिया है।

आश्चर्यों के लिए तैयार रहें। अगर हम परखने के स्थान पर जिज्ञासा और स्वीकरण की वृत्ति का प्रयोग करते हैं तो हम अपने संबंधों के उपर की परतों को उतार सकते हैं और उन्हें और भी कोमल व सुदृढ़ बना सकते हैं। असमानताएँ आपको आकर्षित करें, न कि आपका मन दुःखी करें। किसी गलतफहमी को सुधारने के लिए, किसी के द्वारा कोई काम न करने पर डाँटने-फटकारने और गलत करने पर चिल्लाने की अपेक्षा अगर हम यह पता लगाने का प्रयास करते हैं कि कोई व्यक्ति किसी बात को एक निश्चित ढंग से करने के लिए क्यों बाध्य हो जाता है तो यह तरीका बहुत बेहतर होगा। यह जान लें कि हरेक का तरीका अलग होता है। याद रहे कि किसी भी कार्य को करने के हमेशा एक से अधिक तरीके होते हैं और आवश्यक नहीं कि आपके ढंग से ही हो।

हम सब का एक दूसरा पक्ष भी होता है; लेकिन यह इस बात पर निर्भर करता है कि हम उस पर जूम इन करते हैं या नहीं। हमें दूसरों में गुणों को देखने में देर लग सकती है, लेकिन गुण हमेशा होते हैं—देखने और अपनाने के लिए। जीवन के हर क्षेत्र में जब आप किसी के साथ कुछ समानता ढूँढ़ लेते हैं तो आपके लिए सहयोग देना और मिलकर चलना सहज हो जाता है। बड़ी-बड़ी संस्थाएँ दूसरी बड़ी संस्थाओं, जिनकी मान्यताएँ लगभग उनके समान होती हैं, के साथ अपनी शक्तियों को मिलाकर चलती हैं तो कोई कारण नहीं है कि आप और हम नहीं कर सकते हैं।

अब समय है… दूसरों से अपेक्षाओं का त्याग करने का और जो अधिक महत्त्वपूर्ण है उस पर विचार करने का। दूसरों से उनके श्रेष्ठ होने की आशा रखने में कोई नुकसान नहीं है; लेकिन जिस

पल हमें दर्द महसूस हो उस पल स्वयं से पूछना है कि 'क्या मुझे श्रेष्ठता उनके लिए चाहिए या स्वयं के लिए?' परखने में जल्दबाजी न करें। यह समझने का प्रयास करें कि दूसरों को क्या चलाता है। जितना अधिक आप अपनी अपेक्षाओं का त्याग करते जाएँगे उतना अधिक जिंदगी आपको सुखद ढंग से आश्चर्यचकित करेगी।

□

'ना' कहना सीखें

जब हम आध्यात्मिक मार्ग पर चलते हैं तो यह आवश्यक हो जाता है कि जब भी संभव हो, हम सकारात्मकता के प्रति सहमति प्रकट करते रहें। फिर भी, अपने अच्छे संबंधों को बरकरार रखने के लिए कई बार 'ना' कहना सीखना भी महत्त्वपूर्ण है। इसलिए, जब मन में नाराजगी की भावनाएँ पनप रही हैं तो हमें 'हाँ' कहकर वचनबद्ध नहीं होना चाहिए। मौन भी सहमति के रूप में देखा जा सकता है। इसलिए निराशा और कड़वाहट की भावना से बचने के लिए हमें अपने आसपास के लोगों को अपनी जरूरतों के बारे में स्पष्ट रूप से सूचित कर देना आवश्यक है।

'ना' कहना विशेष रूप से अंतरंग संबंधों में मुश्किल हो जाता है। ये वे संबंध हैं, जिनमें सीमाएँ तोड़ी जा चुकी हैं और अकसर एक अनकहा अनुबंध होता है, जो कहता है—'जो कुछ तुम्हारा है, वह मेरा है और जो कुछ मेरा है, वह तुम्हारा है'। कई बार तो इसे और भी आगे ले जाया जाता है और यह अव्यक्त अनुबंध जब कहने लगता है कि 'जिस वस्तु के आप स्वामी हैं, उस पर मेरा भी संपूर्ण अधिकार है और जो मेरा है, उसके लिए आपसे विचार-विमर्श की आवश्यकता नहीं है।'

क्या कभी आपने ऐसी परिस्थिति का सामना किया है, जब आप किसी को अपनी कार देने के लिए बाध्य थे, परंतु आपका अंतर्ज्ञान और आंतरिक आवाज कार देने के पक्ष में नहीं थे? शायद आपने अतीत में

भी कभी उस आदमी को अपने उदार हृदय के कारण अपनी कार दी होगी; लेकिन आपने देखा कि हर बार कार गंदी करके और टंकी खाली करके लौटाई जाती है।

अगर आप फिर से, अपनी अनिच्छा के बावजूद, उनके अनुरोध पर कार देने के लिए सहमत हो जाते हैं तो किस मजबूरी में आपने ऐसा किया? क्या ठेस पहुँचाने और बुरी भावनाओं से बचने के लिए? या स्वयं को दूसरों की नजरों में अच्छा, उदार हृदय और शक्तिशाली दिखाने के लिए? या शायद कमजोरी के कारण या उनकी प्रतिक्रिया के डर से? या शांति बनाए रखने के लिए अपनी 'हाँ-ना', 'हाँ-ना' की लड़ाई से आपने हार मान ली?

जब दिमाग, जो कि 'ना' कहना चाहता है और दिल, जो कि 'हाँ' कहना चाहता है, के बीच संघर्ष हो तो हमें अंदर झाँककर देखने की आवश्यकता है। मेडिटेशन एक ऐसा यंत्र है, जो हमारे दिल व दिमाग

को इकट्ठा करने में मददगार है, ताकि हमारे विचारों, शब्दों और कर्मों में सामंजस्य हो सके। जहाँ यह समाकृति है, वहाँ शांति है।

मेडिटेशन से हम स्वयं की खोज करते हैं और अपने सच्चे आत्म-सम्मान और स्वाभिमान को उत्पन्न कर अपने विचारों, शब्दों और कर्मों को दिखावे से दूर वास्तविक रख सकते हैं। मेडिटेशन हमें अपनी सत्यता में टिकने की ताकत देता है और अगर हम यह नेक इरादे से करते हैं ता सत्यता का प्रचार करने पर वह अवश्य स्वीकार्य होती है।

हर बार जब हम आंतरिक आवाज के खिलाफ कुछ करते हैं, दूसरे शब्दों में जब हम 'हाँ' कह देते हैं, लेकिन हमारा अभिप्राय 'ना' होता है तो उस समय हमने अपने अंदर के एक भाग को मार दिया होता है। हम अपनी प्रतिष्ठा और आत्म-सम्मान खो देते हैं और उन लोगों के प्रति, जो हमें लगता है कि हमें इन परिस्थितियों की ओर बाध्य कर रहे हैं, नाराजगी की भावना बढ़ने लगती है।

अपने आत्म-सम्मान को कायम रखकर, जिसमें अपने समय, वस्तुओं, संबंधों, प्राकृतिक संसाधनों और अपनी मानसिक व भौतिक शक्तियों का सम्मान समाविष्ट है, तब हम निश्चयात्मक हो सकते हैं। तब हम स्वार्थ नहीं, सम्मान के साथ 'ना' कह सकते हैं।

परंतु हमें निश्चयात्मक होने और निष्क्रिय या आक्रामक बनने के बीच की महीन रेखा को समाप्त करना होगा। निश्चयात्मकता बहुत ऊँचे आत्म-सम्मान से ही आती है। जब हम निश्चयात्मक स्थिति में होते हैं तो स्वयं को और दूसरों को एक साथ आदर दे सकते हैं। जब हम निष्क्रिय या आक्रामक होते हैं तो हम स्वार्थी बन जाते हैं। तब हम न तो स्वयं के लिए और न ही दूसरों के लिए आदरपूर्ण हो पाते हैं। ऐसी परिस्थिति में हम अपनी शक्ति दूसरों के हवाले कर देते हैं, जिससे हम कमजोर बन जाते हैं। अगर हम स्पष्ट रूप से जानते हैं कि हमें क्या चाहिए और क्यों चाहिए तो हम निश्चयात्मक हो सकते हैं। अगर हम

स्पष्ट नहीं हैं तो हमारा व्यवहार आक्रामक होने की अधिक संभावना है। इसके विपरीत जब हम निष्क्रिय अवस्था में होते हैं तो हम अपनी ही आवश्यकताओं को अनदेखा कर देते हैं।

इसलिए, अगर हम कार के उदाहरण को देखें तो वास्तव में हम अपनी अधिकृत वस्तुओं के लिए सम्मान पाना चाहते हैं। जब आपको सम्मान नहीं मिलता तो आप दुःखी हो जाते हैं। इसलिए, ऊँचे आत्म-सम्मान के साथ, नम्र और निश्चयात्मक बनें। दूसरों को यह बताते हुए शर्मिंदा महसूस नहीं करें कि उन्हें पेट्रोल की टंकी भरवाकर देनी चाहिए। जब कोई भी शब्द आत्म-सम्मान और दूसरों के लिए भी सम्मान देकर बोले जाते हैं तो लोग ध्यान से सुनते हैं, बुरा नहीं मानते।

निस्संदेह, अच्छा लहजा और सकारात्मक भाव-भंगिमा, साथ ही पवित्र भावनाएँ भी संदेश व्यक्त करने में बहुत महत्त्वपूर्ण हैं। एक बार जब दूसरों ने जान लिया कि आप सच्चे व ईमानदार हैं तो वे आपके आभारी होंगे। यह नियम हम जो कुछ भी करते हैं, सब बातों पर लागू होता है। अगर हम अपनी जरूरतें बताने में संकोच करते हैं तो अकसर हमें ही दुःख मिलता है, जबकि दूसरा तो आनंद उठाकर आगे बढ़ गया होता है।

कुछ समय ऐसे भी हो सकते हैं, जब हमें 'हाँ' कहना पड़ता है। उदाहरण के लिए, अकसर जब आवश्यकता के समय में किसी भी कीमत पर एक-दूसरे की मदद करने का दबाव हो तो परिवार के करीबी सदस्यों को 'न' कहना मुश्किल हो जाता है। यह तब तक ठीक है, जब तक हम अपने आप को नहीं खोते और इस दौरान एक-दूसरे के प्रति बुरी भावनाएँ पैदा नहीं करते। इसलिए, इन घटनाओं में हमें ध्यानपूर्वक परिस्थिति पर विचार करने की आवश्यकता है और फिर, अगर हम सहमत हों तो 'हाँ' कह दें। हम अच्छी भावनाओं, गरिमा और सभ्यता से ऐसा कर सकते हैं।

यह समय है…सच्चा बनने का। अपना आत्म-सम्मान बढ़ाने पर ध्यान दें और दूसरों को बिना दुःख पहुँचाए ध्यानपूर्वक अपनी जरूरतें व्यक्त करें। ऐसा करने से सबको लाभ होगा और दूसरे आपको अधिक सहायता प्रदान करेंगे।

□

काम-वासना पाप है

परंपरागत रूप से सात घातक अपराधों में से एक माना जानेवाला और इसी कारण हमें खबरदार करनेवाला काम-वासना अविवादित रूप से आज के समाज में सबसे अधिक व्याप्त, प्रचलित और प्रभावशाली है।

हर मोड़ पर, पत्रिका के पृष्ठों पर और इश्तहारों में मुश्किल ही हम इसे अनदेखा कर सकते हैं। फिर भी, यह एक ऐसा विषय है, जिसे बहुत कम समझा गया है। वास्तव में, हम दुविधा में हैं; क्योंकि यह 'पाप' हमारे सपनों को पूरा करने का वचन देता प्रतीत होता है। अगर दुनियावी इच्छाओं की पूर्ति ही खुशी की कुंजी है तो क्यों नहीं आजाद खयाल का समाज दुःखद अवस्था के बजाय अनवरत रूप से अनवरत खुशी का अनुभव कर रहा है?

काम वासना एक चाह है, एक तृष्णा है, जो कभी तृप्त होती प्रतीत नहीं होती। वासना भोजन के लिए, चीजों के लिए, पद-प्रतिष्ठा के लिए भी हो सकती है। यह अनंत प्रलोभनों के साथ लोगों को अपने चंगुल में फँसाकर रखती है और एक वायदा है कि किसी बाहरी वस्तु से ही संतृप्ति संभव है और जितना अधिक हो उतना अच्छा है।

इच्छित वस्तु की तरफ मन इतना तेजी से खिंचा चला जाता है कि लगता है, जब तक उस वस्तु को पा नहीं लेते, अनुभव नहीं कर लेते या उसका स्वाद नहीं चख लेते, तब तक शांति मिलनी असंभव है। लेकिन

इस प्रकार की संतृप्ति अकसर अस्थिर और सीमित होती है। यह हमारे भीतर एक गड्ढा छोड़ देती है, जो लगातार बढ़ता रहता है और उसे कभी भी भरा नहीं जा सकता। कोई भी इच्छा, जो कि काम, लोभ, अहंकार या मोह पर आधारित होती है, वह कभी भी तृप्त नहीं की जा सकती; क्योंकि हमेशा अगली इच्छा तैयार है।

वासना मन को दूषित कर देती है और इसलिए शांति व स्पष्टता नहीं हो पाती। क्या आपने कभी विचार किया है कि 'बेचलर्स डिग्री' शब्द कहाँ से आया? मूल रूप से शिक्षा कुँवारेपन में ही ग्रहण की जाती थी, जब व्यक्ति अकेला व स्वतंत्र होता था और उसका मन प्रेम या वासना के कारण विचलित नहीं होता था। आध्यात्मिक पथ का राही समझता है कि जब हम अपनी इच्छाओं के अधीन हैं तो हमारा स्वयं पर नियंत्रण नहीं हो सकता। जब हम अपनी कर्मेंद्रियों को सँभाल लेते हैं तो एक बार फिर नियंत्रण कर लेते हैं और पुनः अधिकार प्राप्त कर लेते हैं।

हमारे मन में दूसरी दुविधा है कि काम-वासना और प्रेम एक ही हैं या एक-दूसरे से बहुत करीब से जुड़े हैं। परंतु, सत्य इसके विपरीत है। जब मन प्रेम की अवस्था में होता है तो उस समय शरीर से जो हार्मोंस निकलते हैं, वे आरोग्यकर, देख-रेख और पालन-पोषण की भावना को बढ़ावा देते है; जबकि काम-क्रीड़ा के समय जो हार्मोंस निकलते हैं, वे बिलकुल वैसे ही हैं जब किसी पर हमला होने पर निकलते हैं। क्या हिंसा और प्रेम एक साथ रह सकते हैं?

प्रेम के लिए हमारी चाहना स्वाभाविक और महत्त्वपूर्ण है; लेकिन इसे काम-वासना के साथ नहीं मिला देना चाहिए। उदाहरण के लिए, एक माँ और बच्चे का प्यार बच्चे की वृद्धि और विकास के लिए अनमोल है। हाँ, एक वयस्क के रूप में हमें जब कोई हमारे शरीर की ओर ध्यान देता है तो हमें लगता है कि हमें प्रेम मिल रहा है। यह भ्रांतिपूर्ण सोच केवल निराशा और दुःख ही देगी।

कई धर्मों में कुछ निश्चित समय के लिए इच्छाओं से परहेज करने की धारणा है, जैसे व्रत और ब्रह्मचर्य। यह समय है दुनियावी और इंद्रियों के आकर्षण से दूर रहने का और अपने मन को पूर्णरूप से परमात्मा में लगाने का। हज (तीर्थयात्रा) के दौरान मुसलमानों को काम-वासना और अपवित्र विचारों से परहेज करना चाहिए। श्रावण के पवित्र महीने में हिंदुओं को काम-वासना से दूर रहना चाहिए। ईसाई धर्म में पादरी और नन परमात्मा के प्रति अपनी वचनबद्धता के प्रतीक के रूप में काम-वासना के दुनियावी सुखों का त्याग करते हैं।

इसलिए, यह समझा गया है कि प्रजनन की प्रक्रिया का एक उचित स्थान है। जब यह एक मनोरंजन बन जाता है और अपनी शारीरिक इच्छाओं पर हम काबू नहीं कर पाते हैं, इससे हम श्रेष्ठ व सूक्ष्म शक्तियों से जुड़ने की क्षमता खो देते हैं। जब मूल चक्र, जो यौन ऊर्जा को नियंत्रित करता है, असंतुलित हो जाता है तो हमारे विचार और हमारे कर्म मुख्य रूप से भौतिक वस्तुओं और सुरक्षा, अधिक भोग-विलास, हिंसा और आक्रामकता, चिंता और अनिश्चितता की ओर ही घूमते रहते हैं। कुछ प्रकार के शारीरिक योग ऊर्जा को ऊँचे चक्र तक पहुँचाने पर ध्यान केंद्रित करते हैं, जिसका अंतिम लक्ष्य शिखर चक्र के द्वारा परमात्मा से जुड़ने का होता है। जब मन काम-वासना में व्यस्त हो जाता है तो शक्तियाँ अधम गति को पाती हैं और जैसे आत्मा पर जंग लग जाती है। यह हमें दुनियावी साधारण बातों की ओर नीचे खींचता है और हमें ऊपर उठकर परमात्मा से जुड़ने नहीं देता।

संयम या परहेज केवल धार्मिक या नैतिक सिद्धांत नहीं है। आजकल अधिक-से-अधिक लोग संबंध में होते हुए भी ब्रह्मचर्य का पालन करते हैं, क्योंकि सद्भाव एवं आदर बढ़ता है और आत्म-सम्मान की भावना लौटकर आ जाती है। एक स्वस्थ एवं पवित्र रिश्ते में वास्तविक और निस्स्वार्थ प्रेम अपने आप ही आ जाता है।

आज के समाज में बलात्कार, बाल-प्रेम और काम-वासना की घटनाएँ बढ़ती जा रही हैं। ऐसे में आश्चर्य होता है कि प्रेम और संबंध का अनुभव करने के लिए किसके पास जाया जाए। इन अवस्थाओं को अनुभव करने की चाहना ही हर इच्छा के पीछे मुख्य कारण है; लेकिन हमारे कर्म भ्रष्ट हो गए हैं। अभिलाषा है गहरे स्तर पर जुड़ने की और आनंद की अवस्था का अनुभव करना, फिर चाहे अस्थायी ही क्यों न हो। जैसे-जैसे हम आध्यात्मिक तृप्ति से दूर होते जाते हैं, हमें स्पष्ट रूप में भोग-विलास में लिप्त होने की जरूरत महसूस होती है। विडंबना है कि इससे हम वास्तविक तृप्ति से और भी दूर होते जाते हैं।

इसलिए वासना या अधिक लालसा, चाहे भोजन की, दूसरे किसी व्यक्ति के लिए, यह एक जंग है जो आत्मा को चमकने से रोकता है। यह हमें गहरी आत्मिक शांति, प्रेम, संबंध और आध्यात्मिक तृप्ति का अनुभव होने नहीं देता और हमें एकमात्र संबंध (परमात्मा), जो हमारी सभी इच्छाएँ पूर्ण कर सकता है, से दूर ले जाता है।

यह समय है··· यह अहसास करने का कि ध्यान की शक्ति के द्वारा हम वास्तव में पहले से ही संपूर्ण और प्रचुर हैं। जो अंदरूनी तृप्ति हम चाह रहे हैं, वह कोई भी वस्तु या व्यक्ति नहीं दे सकता। और जैसे ही आप स्वयं को सभी बुरे विचारों और इच्छाओं से दूर कर पवित्र बनाते हैं तो जंग उतर जाती है और आप अपने आप ही परमात्मा की ओर आकर्षित होंगे, जो कि हमारी उच्च और संपूर्ण स्थिति का प्रतिबिंब है।

□

निर्भरता पर विजय

निर्भरता एक बीमारी है। यह एक अस्वस्थ प्रेम है। जो निर्भर होते हैं, आम तौर पर उनके इरादे नेक होते हैं, लेकिन स्वाभिमान बहुत कम होता है और स्वयं अच्छा महसूस करने के लिए हमेशा बाहर कुछ ढूँढ़ते रहते हैं। जीवन में निर्भरता की पद्धति अपनाने का परिणाम अकसर नाराजगी, निराशा और व्यक्तिगत आवश्यकताओं की अतृप्ति होती है।

निर्भर लोग दूसरों की देखभाल करने की कोशिश करते हैं, लेकिन यह देखभाल अनिवार्य और पराजित करनेवाली बन जाती है। वे इस भ्रांति का प्रक्षेपण करते हैं कि वे देखभाल कर रहे हैं, जबकि वास्तव में यह कार्य दूसरों को स्वयं पर निर्भर रखने जैसा है, जिससे उनकी स्वयं की आवश्यकताएँ पूर्ण हो रही हैं। उन्हें स्वयं अकेले रहना मुश्किल लगता है। कुछ निर्भर लोग शराब में, ड्रग्स में और तंबाकू आदि में शांति तलाशने की कोशिश करते हैं; जबकि दूसरे काम की लत, जुआ खेलना या अविवेकी ढंग से यौन गतिविधियों जैसी बाध्यकारी आदतों का विकास कर लेते हैं।

निर्भरता किसी भी प्रकार के संबंधों में हो सकती है; जैसे परिवारों में, काम के स्थान पर, दोस्ती में और रूमानी संबंधों में। इसमें अकसर ऐसा होता है कि एक इनसान अपनी आवश्यकताओं को दूसरों की आवश्यकताओं से कम प्राथमिकता देता है और हर पल दूसरों की

आवश्यकताओं को पूरा करने में अत्यधिक तल्लीन रहता है। जब निर्भर व्यक्ति दूसरों की सेहत, हित और सुरक्षा को अपने से ऊपर रखता है तो उसका स्वयं की आवश्यकताओं, इच्छाओं और स्वयं के अस्तित्व से संपर्क खो जाता है। दूसरों के लिए स्वयं को जरूरतमंद समझने से झूठे प्रतिफल और संतुष्टि की भावना उत्पन्न होती है, जो कि निर्भर व्यक्ति को उस संबंध में और भी फँसा देती है।

मेंटल हेल्थ अमेरिका का कहना है—

> "निर्भर लोग अकसर शहीद की भूमिका निभाते हैं और जरूरतमंद के लिए उपकारी बन जाते हैं। एक पत्नी अपने शराबी पति की गलतियों को छुपा देती है; एक माँ अपने बिगड़ैल बच्चे के लिए बहाने बनाती है या एक पिता अपने बच्चे को उसके अपराधी व्यवहार के परिणाम से बचाने के लिए अपने व्यक्तिगत प्रभाव का प्रयोग करता है।"

हर प्रकार की निर्भरता—चाहे ड्रग्स, भोजन या संबंधों पर, इन सबसे एक महत्त्वपूर्ण पाठ सीखने का है कि जैसे ही ड्रग्स का असर कम होता है तो आपको हर बार और चाहिए। अगर ऐसा नहीं होता है तो जो चाहिए, वह पाने के लिए हम क्रोध और दूसरी प्रकार की भावात्मक चालाकियों का प्रयोग कर सकते हैं।

आवश्यकता और लोभ के बीच हम उलझ जाते हैं। हम इस भ्रम में जीते हैं कि अधिक संतोषजनक और सुखदायक होता है। जबकि वास्तव में यह हमारी निर्भरता और दासता की आदत को और बढ़ावा देता है और कुछ मामलों में तो मृत्यु भी हो जाती है।

शोध के अनुसार—

> "निर्भर लोगों के लिए संभावना है कि वे आक्रमणशील लोगों से दुर्व्यवहार आकर्षित करें। उनके लिए तनावपूर्ण नौकरी और रिश्तों में रहने की अधिक संभावना होती है। आवश्यकता

के समय चिकित्सा सहायता माँगे जाने की भी कम संभावना है। उनकी पदोन्नति होने की संभावना बहुत कम है और जो लोग निर्भर नहीं होते हैं, उनकी अपेक्षा कम पैसे कमाते हैं।''

निर्भरता अधिकतर हमारे सोचने के ढंग से आरंभ होती है। कुछ लोगों का दिन शिकायत करने और बड़बड़ाने के बिना अच्छा नहीं जाता। वे अपने दिन का आरंभ सुबह की गरम कॉफी और नकारात्मक विचारों की खुराक के साथ करना पसंद करते हैं। कुछ लोगों को सिंड्रेला कॉम्पलेक्स की लत लग जाती है, जो हमेशा सोचते हैं, 'बेचारा मैं'। और हमेशा सोचते हैं कि हम शिकार हैं और सारा संसार उनके लिए षड्यंत्र रच रहा है। यह मानसिकता किसी के लिए फलदायक नहीं है।

इस प्रकार, प्रत्येक आध्यात्मिक मार्ग व्यसनों को समर्पित करने या त्यागने का आग्रह करता है। वे अतींद्रिय शांति और आनंद की हमारी वास्तविक तलाश से हमारा ध्यान भंग कर देते हैं। वे हमें इस मरीचिका की बागडोर में बहुत कसकर पकड़ते हैं कि एक दिन दर्द कम हो जाएगा या अभाव की भावना किसी दिन तृप्त हो जाएगी। हम बस, आस लगाकर रखते हैं और प्रार्थना करते रहते हैं।

अभाव या खालीपन की भावना हमें गुप्त पारस मणि को ढूँढ़ने के लिए मजबूर करती है। अभाव मन में है, न कि जीवन में। खुशी की तलाश बाहरी अवलंब से पूरी नहीं होगी, बल्कि स्वयं के साथ गहरा संबंध जुटाने से होगी।

पहला कदम है कि निर्भरता से संबंधों, स्वास्थ्य और आमदनी में होने वाले नुकसान को स्वीकार करना। स्वयं से पूछें, 'क्या मैंने इसी प्रकार का जीवन जीने का निर्णय किया है?' ड्रग्स जैसे मुश्किल मुद्दों के लिए अपने आत्म-सम्मान का पुनर्निर्माण करने और जीवन में अच्छा पाने के लायक होने की भावना को बढ़ाने के लिए अत्यंत मेहनत करनी पड़ती है और साथ ही व्यावसायिक मदद की आवश्यकता पड़ सकती है।

दूसरा कदम है विचारात्मक होना और यह स्वीकार करना कि हमें जिस भी वस्तु की आवश्यकता है वह यहीं, अभी और हमारे भीतर ही है। स्वयं को संपूर्ण बनाने के लिए हमें किसी अतिरिक्त वस्तु की जरूरत नहीं है। जब हम स्वयं को संपूर्ण बनाने के लिए बाहर के साधनों पर निर्भर करते हैं तो हम अपनी इच्छित वस्तु को कसकर पकड़ने की कोशिश करते हैं और इस दौरान हम उसको समाप्त करने या स्वयं से दूर करने में ही सफल होते हैं।

तीसरा कदम है अपने आस-पास के लोगों के साथ और अधिक नकारात्मक कर्म उत्पन्न न करने के बारे में सावधानी बरतना। अगर हम दूसरों के व्यसनों को बढ़ाने में मदद करते हैं तो हम उनके नकारात्मक कर्मों के हिस्सेदार हैं।

अंत में, अगर हमें निर्भर बनना ही है तो भगवान् पर निर्भर बनें। एक वही है, जो हमें कभी निराश नहीं करेगा। वह हमेशा देता है और हमें सशक्त बनाने के लिए तैयार है।

अब समय है...अपनी निर्भरताओं पर विचार करने का। अपने सोचने का ढंग बदलकर और आत्म-मूल्य बढ़ाकर आप आत्मनिर्भर बन जाएँगे और भगवान् से गहरा संबंध होने से आंतरिक शक्ति बढ़ जाएगी। स्वतंत्रता का अर्थ अकेला होना नहीं है, बल्कि इसका अर्थ है— संबंधों से आज के बाद और अधिक दुःख न लेने का निर्णय करना।

□

सहन-शक्ति

आज के तीव्र गति से बदलते हुए समाज में पहले से कहीं अधिक सहनशीलता या सहिष्णुता को बरतने की आवश्यकता है।

धार्मिक सहिष्णुता, सांस्कृतिक सहिष्णुता, मौसम के प्रति, वैश्वीकरण के प्रति और आर्थिक विषमता के प्रति सहिष्णुता—इसकी सूची अनंत है। ऑफिस और घर की उन घटनाओं का क्या, जो हमें ट्रिगर कर देती हैं? भरी हुई बरतन धोने की मशीन, आपके सहकर्मी द्वारा जूठा छोड़ा हुआ चाय का कप या जब आप मेडिटेशन करने की कोशिश करते हैं तो जल-शीतलक की तेज आवाज। अगर हमने यथार्थ सहन करना नहीं सीखा है तो कुछ भी और सबकुछ हमारे मन में अशांति पैदा कर सकता है।

सहन करना बहुत उबाऊ और कष्टकर लगता है। समय के साथ इस शब्द का दरजा घटकर केवल लड़ाई, कष्ट और संघर्ष तक रह गया है। कुछ लोग मानते हैं कि सहन करने का अर्थ है कमजोर बन जाना, लेकिन अगर हमने यथार्थ सहनशीलता को विकसित किया है तो ऐसा बिलकुल भी नहीं है।

सहन-शक्ति का अर्थ है अपने आत्म-सम्मान में स्थित होना और किसी परिस्थिति और मनुष्य के वश होकर स्वयं को दुःख न पहुँचाना। मालिक बनकर, उचित शांतिपूर्ण प्रतिक्रिया का चुनाव करना, न कि एक दास की भाँति परिस्थितियों की खींचा-तान में उलझे रहना, संतप्त और

नियंत्रण के बाहर अनुभव करना।

इसलिए यह कहना तार्किक होगा कि परिस्थिति कोई समस्या नहीं है, लेकिन उससे सामना न कर पाने की असमर्थता मन में कमजोरी और अनुदारता की भावना को जन्म देती है। उदाहरणार्थ, योगी के लिए घड़ी की आवाज वास्तविक समस्या नहीं है, लेकिन आवाज को बंद न कर पाने की असमर्थता अनुदारता की नकारात्मक और असहज भावनाओं को जन्म देती है। इसी प्रकार, किसी के साथ हमारा संवाद विफल होने पर हम भाषा या बोली को दोष नहीं दे सकते। शायद हममें ही धैर्य की कमी है।

जिसने यथार्थ रीति सहन करना सीख लिया है, वह किसी भी प्रभाव से मुक्त रहता है; जैसे किसी अव्यवस्थित व्यक्ति के बारे में या किसी कार्यक्रम के आरंभ में देरी हो रही है या कार खराब हो गई है तो भी वह अतिरिक्त अनावश्यक विचार उत्पन्न नहीं करेगा। उसके बजाय वह साक्षी भाव अपनाएगा। किसी को ठीक करने की भावना से स्वयं को उलझाएगा नहीं, बल्कि जीवन रूपी नाटक के प्रवाह को और अपने साथी कलाकारों को स्वीकार करेगा। इस विशाल नाटक में कुछ बदलने की चाह रखने का अर्थ है—मुख्य आलेख को बदलना और वह केवल परमात्मा के हाथों में है।

योगी एक मालिक की भाँति अपेक्षा और निर्णय से मुक्त होना जानता है; कुछ भी सही या गलत नहीं है, बस, वह है। इसलिए पहले जो है, उसे स्वीकार करें और वहाँ से आगे बढ़ें। यह निष्क्रिय होना नहीं है। हाँ, सुधारने के लिए कुछ काररवाई करनी पड़ सकती है; लेकिन अगर ऐसा क्रोध और निंदा के स्थान पर प्रेम और सहनशीलता से किया जाता है तो उसका असर अधिक होगा।

जैसे ही मालिक शांत रहना सीख जाता है तो वह अपने अहंकार और कर्मों के बंधन से भी मुक्त होने लगता है। किसी के द्वारा बोले गए

कड़वे शब्दों की प्रतिक्रिया में अगर हम चिल्लाते हैं तो यह भी कर्मों के बंधन को बढ़ाना हुआ। किसी पर क्रोध करने के स्थान पर शांत रहने के लिए साहस और आत्म-सम्मान की आवश्यकता होती है।

इसको एक कदम और आगे ले जाने के लिए, मालिक देखते हुए भी नहीं देखेगा, सुनते हुए भी नहीं सुनेगा; वह समभाव और तटस्थ रहेगा। यह तब होता है, जब वह जानता है कि वह प्रभाव से परे है। योगी समझता है कि जीवन नाटक संपूर्ण निर्दोष है; वह पूर्ण शांत व निश्चिंत रहता है और आलोचना का सामना करने के समय भी उसकी प्रतिक्रिया संवेदना, समझ और प्रेम से होगी। एक सहनशील माँ की तरह, जो लगातार अपने बच्चे को माफ करती रहती है और प्रेम देती रहती है।

अब समय है... अपने अहंकार से दूर होने का और यह जानते हुए कि अपनी असहनशीलता का हल अपने भीतर ही है, स्वयं की भलीभाँति जाँच करने का। अगर आप स्वयं की चिंता करते हैं तो यह समय है संवेदना और आत्म-सम्मान बढ़ाने का। स्वयं के साथ और दूसरों के साथ शांति विकसित कीजिए। इस प्रकार आपको महसूस भी नहीं होगा कि आप सहन कर रहे हैं, लेकिन जीवन एक खेल है और खेलते हुए आपको सदा आनंद आएगा।

□

जैसा बोएँगे वैसा काटेंगे

'जैसा बोएँगे वैसा काटेंगे', यह उपदेश लगभग सभी पवित्र ग्रंथों में पाया जाता है। विज्ञान में इसे अकसर 'कारण और परिणाम का नियम' कहते हैं। दर्शनशास्त्र में इसे 'कर्मों का नियम' कहा जाता है और न्यूटन के गति के तीसरे नियम के अनुसार, 'हर कर्म की समान और विपरीत प्रतिक्रिया होती है।' इसलिए, यह याद रखना अति आवश्यक है कि यह सिद्धांत जीवन के हर क्षेत्र में प्रभाव डालता है।

हर पल हमें कुछ चुनना होता है। हम बुराई के स्थान पर अच्छाई को चुन सकते हैं, दयालु या अशिष्ट हो सकते हैं, तीव्र या धीमे चल सकते हैं, परिस्थितियों को सहज या जटिल बना सकते हैं। हम जिस प्रकार का कर्म करते हैं वैसा ही फल पाते हैं। यह इतना सहज है। अच्छा करो तो बदले में आप अच्छा ही पाएँगे। प्रेम दें तो आप पर भी प्रेम की वर्षा होगी।

हमें वापस वही मिलता है, जो हम देते हैं। अगर हम टमाटर बोते हैं तो कद्दू की अपेक्षा नहीं कर सकते। अगर हम अपने वजन को नियंत्रित कर पा रहे हैं तो वह इसलिए, क्योंकि हम व्यायाम करते हैं और अपने आहार पर नियंत्रण रखते हैं। अगर हम अपने व्यवसाय में सफल हैं तो ऐसा शायद वर्षों के कठिन परिश्रम और निरंतर प्रयास का नतीजा है। अगर हम बहुत स्नेहपूर्ण मित्रता का आनंद ले रहे हैं तो ऐसा इसलिए है, क्योंकि हमने अपने संबंधों की भूमि को जोता है।

हमारा आज का जीवन हमारे पिछले कर्मों का परिणाम है। भले ही

हमें महसूस हो कि हम जहाँ हैं वहाँ तक पहुँचने के लिए बहुत समय लगा है और हम अपने अच्छे किए कर्म का फल शीघ्र पाना चाहते हैं। यहाँ केवल धैर्य की आवश्यकता है, क्योंकि हर बीज अपने निश्चित समय पर फल देता है।

प्रतिकूल के लिए भी यही सत्य है। अगर हम दूसरों की आलोचना करते हैं तो हमारी भी आलोचना होगी। अगर हम चोरी करते हैं तो हम भी लूट लिये जाएँगे। अगर हम झूठ बोलते हैं और धोखा देते हैं तो हमसे भी झूठ बोला जाएगा और धोखा मिलेगा। लेकिन यह आवश्यक नहीं कि यह इसी रूप में हमारे पास आए। उदाहरणार्थ, अगर हम कारोबार में धोखा देते हैं तो हमारा पति या पत्नी घर पर हमें धोखा देंगे।

लेकिन क्या यह दिलचस्प नहीं है कि इन विघ्नों और हानि के दौरान परिणाम को स्वीकार करना इतना आसान नहीं होता? जब परिस्थितियाँ हमारी इच्छा के अनुसार नहीं होतीं तो हम अकसर सवाल करने का दु:साहस करते हैं, 'मेरे साथ ही ऐसा क्यों हुआ?' 'ऐसा कैसे हो सकता है?' हैरानी की बात है कि हम ऐसे सवाल तब नहीं करते जब परिस्थितियाँ हमारी इच्छा के अनुसार होती हैं।

क्या हमें बोने और काटने के इस सिद्धांत को केवल अपने वर्तमान संबंधों और चाहनाओं को न्यायसंगत सिद्ध करने के लिए प्रयोग करना चाहिए या फिर—क्योंकि बीज हमारे हाथ में है तो अपना सुनहरा भविष्य-निर्माण करने के लिए चुनाव करें। यह सिद्धांत निष्पक्ष और न्यायसंगत है, बस हमें कीमत पहले चुकानी पड़ती है; क्योंकि बिना बोए हम काट नहीं सकते। पहले हमें धरती माता को देना पड़ता है, चाहे वह हमारा आखिरी बीज ही क्यों न हो। इसके पश्चात् ही वह हमें उदारता से प्रतिफल देती है। स्मरण रहे कि प्रकृति बहुत उदार है। जब हम एक आम का बीज लगाते हैं तो केवल एक आम नहीं मिलता, बल्कि बदले में कई वर्षों तक बहुत मिलते हैं।

हमें याद रखना चाहिए कि कर्म का सिद्धांत देने और लेने का है, न कि लेने और देने का। हम केवल तभी स्वीकार कर सकते हैं, जब हमने दिया हो, चाहे वह हमारा आखिरी बीज, सिक्का या कोई प्यारी वस्तु हो। अगर हमने बिना दिए ले लिया है तो हमने इस सिद्धांत को अनदेखा कर दिया है और इसका नतीजा यह होगा कि हमें आत्मा में संतुलन करने के लिए कई गुना चुकाना पड़ेगा। जब हम लेते हैं तो हम ऋणी बन जाते हैं और परम लक्ष्य ऋण से मुक्त होने का और जमा का खाता भरपूर करने का है। यह प्राप्त करने के लिए हमने जितना लिया है उससे अधिक देना होगा। आइए, इसका आगे परीक्षण करें—

समय

समय बहुत मूल्यवान् संपत्ति है और अकसर हमें लगता है कि हमारे पास पर्याप्त समय नहीं है। हरेक सेकंड जो बीत रहा है, वह वापस नहीं आएगा। फिर भी, अगर हम समय के साथ सकारात्मक कर्म विकसित करते हैं तो हमारे पास वह सबकुछ करने का समय होगा, जो हम करना चाहते हैं; समय हमें सहयोग करेगा। जब हम समय बरबाद करते हैं, हमने अपने समय को अपने उद्‌देश्य पूरे करने के लिए उपयुक्त रूप से प्रयोग नहीं किया है तो हमें कम समय की उपलब्धता के रूप में सजा मिलती है।

धन

कुछ लोगों के पास बहुत धन होता है और फिर भी वे दरिद्र व कंगाली के एहसास के साथ रहते हैं। इसलिए कोई धन से अमीर नहीं बनता; बल्कि बहुत कम होते हुए भी सबकुछ होने की मानसिकता ही वास्तव में अमीर बनाती है। किसी ऊँचे मकसद के लिए प्रयोग किए धन से अधिकतम लाभ मिलता है, इसलिए एक योग्य कारण के लिए दान करने को बहुत महत्त्व दिया गया है।

मन और तन

हमारे विचार और ऊर्जा हमारे सबसे बड़े संसाधन हैं। अगर हम उनका गलत प्रयोग करते हैं तो हमें नतीजा भुगतना पड़ेगा। अगर हम व्यर्थ और नकारात्मक के बारे में ही सोचते हैं तो शायद हमें सिर दर्द हो जाएगा। अगर हम अपने टेलीविजन स्क्रीन को दिन भर देखते रहते हैं तो हमें चश्मों की आवश्यकता पड़ेगी। अगर हम अपने फेफड़ों में ऑक्सीजन के स्थान पर निकोटीन को खींचते हैं तो हम उदास व नाराज रहेंगे और ठीक प्रकार से कार्य नहीं कर पाएँगे।

प्रकृति

जब हम कूड़ा-करकट को उपयुक्त ढंग से फेंकते हैं, पानी को और दूसरे प्राकृतिक संसाधनों को व्यर्थ न करना सीख जाते हैं तो हम प्रकृति माँ के साथ प्रेम और आदर का रिश्ता विकसित करते हैं। इससे कोई फर्क नहीं पड़ता कि कोई दूसरा अपनी कार की खिड़की से क्या फेंकता है। हमारा कर्तव्य है प्रकृति और पाँचों तत्त्वों के साथ व्यक्तिगत संबंध जोड़ना और आदर का खाता विकसित करना। तभी ऐसा संभव होगा कि आवश्यकता के समय प्रकृति हमारी मदद करेगी और हमें हर समय भोजन, पानी और हवा उपलब्ध कराएगी।

संबंध

कुछ लोगों को देखकर ऐसा लगता है कि वे बहुत लोगों से जुड़े हैं और फिर भी आवश्यकता के समय कम लोग ही उनके पास दिखाई देते हैं। संबंध निवेश की तरह होते हैं। हम जितना अधिक प्रेम, आदर, सहयोग और संवेदना का निवेश अपने संबंधों में करेंगे उतना ही अधिक हमें बदले में प्राप्त होगा।

अब समय है··अपने मन की मिट्टी को जोतकर अनचाहे विचारों, भावनाओं और अप्रिय परिणामों की खरपतवार को निकालने का। आप अपने मन के मालिक हैं और इसलिए आप जो चाहें, वह परिणाम ला सकते हैं। अपने संबंधों में ही नहीं बल्कि जीवन के हर क्षेत्र में सकारात्मक व शक्तिशाली विचारों का पौष्टिक बीज बोएँ और फल आता हुआ देखें। लेकिन धैर्य रखें, क्योंकि कच्चा फल बदहजमी कर सकता है।

□

शुद्ध प्रेम

बहुत लोगों को शुद्ध प्रेम की भावना को समझना बहुत मुश्किल लगता है और अधिकतर लोगों ने इसका अनुभव नहीं किया होता है। रूमानी प्रेम को माननेवाले मानते हैं कि ईर्ष्या और अतीव स्वत्वात्मकता ही एक भावुक प्रेम के प्रमुख तत्त्व हैं। एक माँ को लगता है कि परवाह दिखाने के लिए मोह का होना अति आवश्यक है। मित्रों को लगता है कि अपेक्षा करना तो मित्रता का अनिवार्य भाग है। शुद्ध प्रेम को तो बहुत कम समझा गया है, लेकिन फिर भी सभी इसे पाना चाहते हैं। इसलिए आइए, गहराई से समझें कि शुद्ध प्रेम क्या होता है।

शुद्ध प्रेम का अर्थ है—जिसे कुछ नहीं चाहिए, कुछ भी नहीं। कभी-कभी हम स्वयं को यह कहकर समझा लेते हैं कि सहयोगियों, जीवन साथी और समीप के संबंधों पर हमारा कुछ पाने का अधिकार है; लेकिन नहीं है। चाहना हमें भिखारी बना देता है और वास्तव में भिखारी शुद्ध प्रेम पाने के लायक नहीं है। वह सिर्फ शुद्ध दया पाने का पात्र है।

शुद्ध प्रेम दिया नहीं जा सकता। इसे शुद्ध और समान उद्देश्यवाले दो लोग आपस में बाँट सकते हैं। जब दो लोगों का एक समान शुद्ध प्रेम नहीं होता तो उनके आपसी लेन-देन का हाव-भाव बदलकर सहायता, संवेदना, सांत्वना, सहमति, सत्यापन या सुरक्षा की आवश्यकता हो जाती है। देनेवाला लेनेवाले के भीतर के तले रहित गड्ढे को हमेशा के लिए 'प्रेम' से भरता रहता है।

शुद्ध प्रेम कभी किसी बात के लिए अपेक्षा नहीं करता। जब हम कहते हैं कि मुझे नहीं चाहिए, लेकिन मुझे अपेक्षा है—इन दोनों बातों में थोड़ा फर्क है। उदाहरण के लिए, मुझे प्यार की आवश्यकता नहीं है या शायद मैं प्यार से भरपूर महसूस करूँ, लेकिन फिर भी मुझे दूसरों से अपेक्षा रहती है कि वे मुझसे प्रेमपूर्वक व्यवहार करें।

हालाँकि शादी एक समझौता है, लेकिन प्रेम नहीं। सिर्फ इसलिए कि किसी ने 'अच्छे या बुरे समय में और जब तक मौत आपको जुदा न कर दे' तब तक आपके साथ रहने के समझौते पर हस्ताक्षर किए हैं, आप किसी पर भी अपना स्वामित्व प्राप्त नहीं कर सकते या किसी को भी आप से प्रेम करने के लिए मजबूर नहीं कर सकते। शुद्ध प्रेम कुछ माँगता नहीं है। शुद्ध प्रेम प्राकृतिक, रमणीय और मुक्त करनेवाला होता है। यह हमें बाँधता तो है, लेकिन हमारे श्रेष्ठ, सच्चे, पवित्र और संपूर्ण स्वरूप के साथ।

इस स्वतंत्रता के विपरीत हम एक-दूसरे के साथ 'मि. और मिसेज फिक्स इट' वाला संबंध बना लेते हैं। किसी से कुछ अपेक्षा करने का अर्थ है स्वयं को निराशा के लिए तैयार करना; क्योंकि मुझे यह अहसास हो जाता है कि मैं किसी को सुधार नहीं सकता। मुझे यह स्वीकार करना होगा कि इस संसार में जहाँ अधिक लोग शुद्ध प्रेम से खाली हैं, उनसे शुद्ध प्रेम की अपेक्षा करने के लिए कसूरवार मैं हूँ, कोई दूसरा नहीं।

शुद्ध प्रेम में हम अनासक्त रहते हैं, अर्थात् परिणाम से अप्रभावित। जब हम आरंभ से ही अनासक्त होते हैं तो हम किसी बात को पकड़कर नहीं रखते। हम छोड़ देते हैं और अपनी पसंद-नापसंद का ध्यान न रखते हुए व्यक्ति या परिस्थिति को स्वीकार कर लेते हैं। यह विचार हमारे लिए और जिन्हें हम प्रेम करते हैं, उनके लिए मुक्त करनेवाला है। इससे नवीनता, जादू और रहस्यवाद बना रहता है।

शुद्ध प्रेम का अर्थ है—दूसरों को उनके स्वयं के और उनकी

वास्तविक सत्यता के करीब लाना। इस प्रक्रिया और आत्मा के लिए अत्यंत ईमानदारी और गहरा सम्मान होता है। चाहे हम आज किसी को उनके श्रेष्ठ स्वरूप में नहीं देख पा रहे, परंतु हम जानते हैं कि अगर हम अपने शुद्ध प्रेम को उदारता से देते रहे तो आज नहीं तो कल, वह उन्नति करके अपनी श्रेष्ठता को प्राप्त कर लेंगे। इसलिए आप जिनसे प्रेम करते हैं, उनके लिए शुभ भावना रखें, न कि वह बात सोचें, जिसमें आपका फायदा है।

शुद्ध प्रेम का अर्थ है—प्रत्येक आत्मा के लिए ऊँची मनोवृत्ति और दृष्टि रखना। हम महसूस करते हैं कि आत्मिक स्थिति द्वारा यह देखने में कोई परिश्रम नहीं है कि हर मनुष्य कितना प्यारा है। एक बार हमने स्वयं को अपने आत्म-सम्मान में स्थित कर लिया तो दूसरों को इस लेंस से देखना आसान हो जाता है।

ध्यान रखें कि अपनी आवश्यकताओं को दूसरों पर न थोपें। इस संसार में कोई भी भावनात्मक रूप से संपूर्ण नहीं है, इसलिए ऐसा करना अनुचित माँग है और उसको पूरा करना असंभव है। शुद्ध प्रेम में हम कभी कुछ माँगते नहीं। हम विश्वास रखते हैं। हमें विश्वास होता है कि जिस भी वस्तु की हमें आवश्यकता, है वह हमें प्रचुरता में मिलेगी और जीवन रूपी नाटक हमारे सामने यथार्थ लोगों और परिस्थितियों को प्रकट करेगा जिससे हमें शुद्ध प्रेम को समझने में मदद मिलेगी।

ईश्वर का प्रेम शुद्धतम होता है। वे अपने प्रेम की नाप-तौल नहीं करते, ना ही ऐसा करते हैं कि आपको मंगलवार को प्रेम करें और गुरूवार को नहीं करें। उनका प्रेम अचल और सदा निस्स्वार्थ है। हालाँकि हम ईश्वर नहीं बन सकते, लेकिन हम सीख सकते हैं कि दिव्य प्रेम इसी प्रकार का होना चाहिए। पवित्र, अचल और निस्स्वार्थ—पहले हमें स्वयं से प्रेम करना है, बाद में दूसरों से।

अब समय है… सर्वोच्च कोटि का शुद्ध प्रेम बाँटने का। अपने पवित्र व दिव्य स्वरूप में लौटने में ही महानता है। शुरू से ही अनासक्त रहें और ध्यान रखें कि आपकी व्यक्तिगत पसंद-नापसंद सुंदर कलाकारों और नाटक के प्रवाह को प्रभावित न करे। शुद्ध प्रेम मुक्त करनेवाला, उदार, सभी को स्वीकारनेवाला और लाभप्रद होता है। अपने श्रेष्ठ स्वरूप के साथ इस अनुबंध पर हस्ताक्षर कर लीजिए।

□

मतभेद प्रबंधन

मतभेद न तो अच्छा होता है और न ही बुरा यह बस 'होता है' और इसे वैश्विक संप्रदाय में रहने के एक अभिन्न अंग के रूप में हमें स्वीकार कर लेना चाहिए। मतभेद सुलझाना एक अच्छा अनुभव हो सकता है; परंतु यह इस बात पर निर्भर करता है कि मतभेद कैसे सुलझाया गया है। यह हमें नए कौशल सिखा सकता है और हमारी समझ के स्तर को बढ़ा सकता है। यह हमारे आत्म-विश्वास और आत्म-सम्मान को बढ़ा सकता है और यह हमें गतिहीनता से मुक्त कर सकता है और हमें एक सकारात्मक परिणाम की ओर ले जा सकता है। मतभेद अर्थात् अपनी भिन्नताओं के साथ जीना। इसमें गलत कौन है और सही कौन है, इस बात का कोई प्रश्न नहीं है। खराब-से-खराब यह होगा कि कोई सदा असहमत होने के लिए सहमत हो जाए।

'रिसॉल्यूशन' शब्द का जन्म लैटिन शब्द 'रि' से हुआ है, जिसका अर्थ है—एक बार फिर और 'सोल्वेंट' का अर्थ है, जिसका और अधिक आसवन न हो सके। इसलिए, मतभेद प्रबंधन का अर्थ है—जो बात मतभेद का कारण है उसकी तह तक जाना।

अपने दुश्मन का सामना किस प्रकार किया जाए, यह सीखने में मार्शल आर्ट का सिद्धांत हमें मदद करता है। अगर हम मतभेद को स्वीकार कर लें तो हम इसे अपनी शक्ति बढ़ाने और फायदे के लिए

प्रयोग कर सकते हैं। हम अपनी तीक्ष्ण बुद्धि, पलटवार और लचीलेपन के कारण अपने विरोधी को पराजित कर सकते हैं। जूडो और आईकीडो जैसी आत्म-रक्षा की कलाओं में इन्हीं मुख्य प्रहारों की आवश्यकता पड़ती है। इसलिए, समस्या चाहे कितनी भी बड़ी प्रतीत क्यों न हो, लेकिन स्व-प्रबंधन के कौशल को अगर उचित रूप से प्रयोग किया जाए तो हम किसी भी बाधा को पार कर सकते हैं।

मतभेद प्रबंधन के कुछ बुनियादी तरीके हैं, जिनको लोग अपनी समस्याओं को सुलझाने में प्रयोग में लाते हैं। कुछ लोग मिल-जुलकर चलने के लिए गलतियों को समा लेते हैं। कुछ लोग मतभेद से पूर्णतया बचकर रहते हैं। कुछ प्रतिस्पर्धा करते हैं, कुछ समझौता कर लेते हैं। सबसे अच्छा रहेगा पारस्परिक सहयोग से स्वीकार योग्य समाधान ढूँढ़ना।

एक मिनट रुककर अपने मतभेद प्रबंधन का तरीका पहचानें। कुछ सही या गलत नहीं है। सभी तरीके अपने उद्देश्य की पूर्ति करते हैं और भिन्न परिस्थितियों के लिए उपयुक्त हैं। यह जानना अति आवश्यक है कि आपका झुकाव किस तरीके को प्रयोग करने की ओर है, ताकि आप मतभेद के प्रति अपना जवाब पहले से ही निर्धारित कर सकें।

अगर हम जानते हैं कि हमें कौन सी बात उकसाती है तो यह तो समस्या का केवल आधा ही भाग है। अधिकतर समय मतभेद हमारे मन में ही जन्म लेते हैं। कल्पना कीजिए कि आप एक ऑफिस में काम करते हैं। कितनी बार ऐसा होता है कि आप अपनी सेक्रेटरी से अपेक्षा करते हैं कि वह आपके मेज से फाइलों को उठाकर क्रम में लगाकर रख दे? लेकिन ऐसा भी होता है कि आप नहीं चाहते कि कोई भी फाइलों को हाथ लगाए, क्योंकि आपने सुव्यवस्थित ढंग से छाँटकर रख दी हैं और अगले दिन आप फिर से उन्हें देखना चाहते हैं। आप अपेक्षा करते हैं कि आपकी सेक्रेटरी आपका मन पढ़ ले और जब ऐसा नहीं होता है

तो मतभेद होता है। इस प्रकार की परिस्थितियाँ बहुत अनावश्यक विचारों को जन्म देती हैं, जिसका परिणाम दुर्भावना और नकारात्मक प्रवृत्ति होता है। हम 'हमेशा' और 'कभी नहीं' की भाषा का प्रयोग आरंभ कर देते हैं। हम इस बात से बहुत परेशान हो जाते हैं कि हमारे आस-पास के लोगों ने अभी तक दिमाग पढ़ने की कला नहीं सीखी है और हम उन पर 'हमेशा' हमारे काम में विघ्न डालने का और 'कभी' कुछ न करने का आरोप लगाते हैं।

इस तरह की प्रवृत्ति से कोई लाभ नहीं होता। मतभेद प्रबंधन में प्रमुख तत्त्व है आपस में अभिव्यक्ति की आवश्यकता। गलतफहमी, भय, संदेह और चिंताओं से बचने के लिए स्पष्ट और प्रभावशाली अभिव्यक्ति अति आवश्यक है। अनुमान कभी वार्त्तालाप का स्थान नहीं ले सकता। जब हम स्वयं को स्पष्ट रूप से अभिव्यक्त कर देते हैं तो अनावश्यक और अतिरिक्त विचारों की कोई गुंजाइश नहीं रहती। तो जब बॉस कहता है कि, 'कृपया फाइलों को मेज पर रख दो। मैं कल इनकी जाँच करूँगा' तो संदेश बिलकुल स्पष्ट है और दोनों पक्ष जानते हैं कि क्या अपेक्षित है।

यथार्थ मतभेद प्रबंधन का अर्थ है—विवादास्पद विषय की तह तक जाना। हमेशा जो दिखाई दे रहा होता है, परिस्थिति उससे कहीं भिन्न होती है। मतभेद हिमशैल की तरह होते हैं, क्योंकि हिमशैल 80 प्रतिशत पानी के अंदर होता है और केवल 10 प्रतिशत ही दिखाई देता है, बिलकुल हमारी तरह। किसी मतभेद को हल करने से पहले हमें भी देखना है कि हम कौन सी सतह के नीचे और कितना दबे हैं।

उदाहरण के लिए, अगर हम सुनने की कला का प्रयोग करना चाहते हैं, जो कि दूसरे के दृष्टिकोण और भावनाओं को आदर देने के सिद्धांत पर आधारित है, लेकिन फिर भी अगर हम हमारे मन में दूसरे मनुष्य का आदर नहीं करते हैं तो संभव है कि हम अपने मन में अशांति

का अनुभव करें और मतभेद सुलझा भी न पाएँ। इसी प्रकार, सुनने की कला का प्रयोग करने की हमारी कोशिश हमें स्वयं को भी और दूसरों को भी बहुत बनावटी लगेगी। इसलिए हमें इस नए और सच्चे व्यवहार को अपनी सोच और भावनाओं का हिस्सा बनाने की आवश्यकता है।

यहाँ मतभेद प्रबंधन के कुछ तरीके दिये गए हैं जिन्हें आप प्रयोग कर सकते हैं—

स्पष्ट संवाद

कल्पना के लिए कोई गुंजाइश नहीं छोड़ें। अपनी आवश्यकताओं, इच्छाओं और अभिलाषाओं को प्रभावशाली व सभ्य ढंग से व्यक्त करें।

अपने आंतरिक पुरूषार्थ को बढ़ाइए

अपने आपको समझना एक बहुत गहरा विषय है और इसकी शिक्षाएँ जीवन-पर्यंत चलती हैं। दूसरों की ओर उँगली उठाने से पहले सोचें और अपने भीतर मूल्यांकन करें कि किस प्रकार के विचार चल रहे हैं।

मतभेद के मूल्य पर विचार करें

कुछ भी कदम उठाने से पहले यह महत्त्वपूर्ण है कि इस बात पर विचार किया जाए कि मतभेद का टालना किस मूल्य पर होगा। अगर हम अपने फायदों और घाटों के बारे में स्पष्ट हैं तो इस बात से हमें समझ मिलेगी कि किस प्रकार आगे बढ़ना है।

अपना अधिकार-क्षेत्र निर्मित करें

सहयोगपूर्ण मतभेद समाधान ऐसी प्रक्रिया है, जिसे इस ढंग से डिजाइन किया गया है कि शक्ति का प्रयोग दोनों पक्षों के लाभ हेतु हो

और परस्पर सम्मान देने का वातावरण स्थापित हो, उसके लिए विचारशील है।

जब भी बोलें, 'मैं' के दृष्टिकोण से बात करें

'मैं' कथन इस बात का संकेत देते हैं कि आप अपने विचारों, भावनाओं और व्यवहार के लिए उत्तरदायित्व ले रहे हैं। अकसर लोग 'मैं' कथनों का विरोध नहीं करते। आरोप लगाने से दूर रहें और वही व्यक्त करें, जो आप देखते, सुनते और महसूस करते हैं। उदाहरण के लिए, ऐसा कहें—'मैं इस बात से बहुत परेशान हो जाता हूँ, जब मुझे अपना वाक्य पूरा करने नहीं दिया जाता', न कि 'तुम हमेशा हस्तक्षेप करते रहते हो!' स्पष्ट, निश्चित और सकारात्मक शब्दों में अपनी आवश्यकताओं का वर्णन करें; जैसे—'मैं समझता हूँ कि यह बहुत आवश्यक है कि हम दोनों एक-दूसरे को अच्छी तरह सुनें, इसलिए मैं चाहूँगा कि हम यह निश्चित करें कि हम दोनों को बिना हस्तक्षेप के बोलने का मौका मिले।'

निर्णय से जिज्ञासा की ओर बढ़ें

अगर हम मतभेद को स्वयं के प्रति और दूसरों के प्रति निर्णय देने के नजरिए से सुलझाने का प्रयत्न करते हैं तो हमारे लिए सहयोगपूर्ण होना मुश्किल होगा। आलोचनात्मक व्यवहार का तात्पर्य है कि एक पक्ष ठीक है और दूसरा पक्ष गलत है और इससे 'तुम बनाम मैं' की स्थिति पैदा हो जाती है। जिज्ञासा की प्रवृत्ति हमें दूसरे का दृष्टिकोण खुलेपन और भिन्नताओं के प्रति आदर के साथ सुनने का मौका देती है। हम में से कोई भी समस्या नहीं है; विवाद या अनिर्णीत मुद्दे समस्या बन जाते हैं। इसलिए हमें मिलकर इस दुश्मन का सामना करना चाहिए।

रक्षात्मक और आक्रामक बनने की अपेक्षा सहानुभूति देनेवाले और निश्चयात्मक बनें

एक रक्षात्मक और आक्रामक वातावरण मतभेद को बढ़ाता है। इस परिस्थिति में दूसरे लोगों को अपनी समस्या का कारण मानने की प्रवृत्ति बढ़ती है। जब हम सहानुभूति देनेवाली और निश्चयात्मक पद्धति अपनाते हैं तो संभव है कि एक सहयोगपूर्ण वातावरण स्थापित हो जाए और हम उन मुद्दों की ओर अपना ध्यान केंद्रित कर सकें, जो कि वास्तव में मतभेद का कारण हैं। जब हम समस्या का निध्रुवण कर देते हैं तो हम लोगों की अपेक्षा मुद्दे की ओर ध्यान देते हैं। हमारा ध्यान दूसरों को दोषी ठहराने की बजाय उनको समझने में लग जाता है।

हार-जीत को जीत-जीत में परिवर्तित करें

अंक-पट्ट रखने के बारे में सोचना बंद कर दें। हमारे सोचने के तरीके में परिवर्तन के साथ हमारे शब्दों और कर्मों में भी परिवर्तन होना आवश्यक है। आखिरकार, हमारी प्रवृत्ति और व्यवहार का सम्मिश्रण ही हमारी शैली निर्धारित करेगा।

हमारे विचार हमारी वास्तविकता की रचना करते हैं। सबकुछ एक विचार से ही आरंभ होता है। अगर हम अपने विचारों और भावनाओं के बारे में अधिक जागरूक हो जाएँ तो हम इस प्रक्रिया को समझना आरंभ कर देंगे और अपने मन पर थोड़ा ध्यान देकर हम और अधिक सकारात्मक परिणाम उत्पन्न कर सकते हैं। इसके बाद हम स्वयं को सही अर्थों में समझना प्रारंभ कर देंगे। हमारे मन की स्थिति के आधार पर व्यवहार करने की अपेक्षा हम अपनी प्रतिक्रियाओं का चुनाव करेंगे। जब हम यह समझ जाते हैं कि दूसरे लोग हमारे साथ किस प्रकार का व्यवहार करते हैं, उसके लिए 80 प्रतिशत हम स्वयं ही उत्तरदायी हैं तो दूसरों को आदर देने की प्रवृत्ति अधिक होगी। तब हमारा भी आदर होगा।

अब समय है··· मतभेद को अपनाने का। याद रखें, जिस बात का जितना अधिक विरोध करेंगे वह बात उतनी ही डटी रहेगी। अगर आप एक व्यक्ति विशेष या परिस्थिति के मतभेद से नहीं उबरे तो जब तक सीखेंगे नहीं तब तक जीवन का वही सबक बार-बार सामने आता रहेगा।

□

सहानुभूति से संवाद

हम संवाद और सूचना के युग में रहते हैं। हम में से कितनों के पास मोबाइल फोन, लैपटॉप और विभिन्न तरह के उपकरणों का संग्रह है, जो हमें सूचना की दुनिया से तुरंत जोड़ देते हैं। चैनल बदलना, गुगल पर कुछ ढूँढ़ते रहना और फेसबुक का प्रयोग करना पसंदीदा मनोरंजन बन गए हैं और आजकल संसार में कहीं भी बैठे लोगों से वीडियो कॉन्फ्रेंस के माध्यम से बातचीत करना भी बहुत आम बात है। आज की टेक्नोलॉजी अद्भुत है, जिसने हमें पहले से कहीं अधिक सूचना प्राप्त कराई है। हम सभी उपलब्ध हैं और आपस में जुड़े हुए हैं। लेकिन जरा सोचिए, क्या हम वास्तव में जुड़े हैं?

क्या असलियत में हम आपस में संवाद करते हैं? या कहीं ऐसा तो नहीं कि सच्चाई यह है कि दूसरे इनसान के साथ दिल की सतह से जुड़ने की सूक्ष्म कला को हम खो चुके हैं और शोरगुल एवं तसवीरों का यह संसार हमें अधिक प्रिय है? जो भी शब्द दिल की गहराइयों से बोले जाते हैं, उनको हम कितना महत्त्व देते हैं?

वास्तव में, हम दूसरों से किस प्रकार संवाद करते हैं और उनसे हमें क्या प्राप्त होता है, वह अधिकतर हमारे स्वाभिमान पर निर्भर करता है। दर्जन भर मित्रों से ऑनलाइन बात करके हमें क्षणिक स्वाभिमान का अनुभव हो सकता है; लेकिन सामने उपस्थित किसी व्यक्ति से सुनना और एक वास्तविक संवाद व संबंध का आरंभ करना अधिक साहसी और संतोषप्रद है। जब हम संवाद का वह तरीका आरंभ करते हैं, जो

दिखावटी नहीं है तो यह संभव है कि हम दूसरे इनसान की आत्मा को छू लें और प्रेम, रचनात्मकता, खुशी एवं आनंद की ज्योति प्रज्वलित कर दें।

सर्वप्रथम यह सुनिश्चित करना आवश्यक है कि हमारे शब्दों के पीछे की भावनाएँ सदा शुभ हों। स्वयं को समझ पाने से और आत्म-सम्मान से ही ऐसा संभव है; लेकिन अच्छे संबंध बनाए रखने के लिए और किसी मतभेद या गलतफहमी को हल करने के हेतु स्वयं के लिए और दूसरे पक्ष के लिए सम्मान होना अति आवश्यक है। जिसे भी हम संबोधित कर रहे हैं, अगर हम उसे पसंद नहीं करते या सम्मान नहीं करते तो बातचीत के दौरान उसे इस बात का अहसास हो जाएगा।

यह सत्य है कि हमारे द्वारा दूसरों को दिए जानेवाले संदेशों में 90 प्रतिशत संदेश गैर-मौखिक होते हैं, जो अधिकतर अनजाने में भाव-भंगिमाओं से अभिव्यक्त होते हैं। हमारे वास्तविक शब्द संवाद का बहुत छोटा हिस्सा होते हैं। इसलिए, जब हम किसी इनसान के समक्ष होते हैं तो हम चाहें या न चाहें, हमारी वास्तविक भावनाएँ अवश्य प्रत्यक्ष होंगी।

शब्द और उनके साथ जुड़ी मंशा अपने साथ एक सूक्ष्म ऊर्जा लिये होती है। जो कुछ भी हम प्रदान करते हैं, वह प्रत्यावर्ती बाण की तरह निस्संदेह वापस आता है। अगर हम स्वयं को किसी के बारे में नकारात्मक चिंतन करता हुआ पाते हैं तो खबरदार रहें; क्योंकि किसी समय ऐसा ही हमारे साथ भी होगा।

दुःख, दर्द और असंतोष से भरा हुआ हृदय सदैव कड़वाहट और द्वेष से शिकायत ही करता है। ऐसी हालत में वास्तविक संवाद असंभव है, क्योंकि एक पक्ष अपने दुर्भाग्य का ही ढिंढोरा पीटता रहेगा और अपनी आवश्यकताओं की पूर्ति हेतु ही व्यस्त रहेगा और दूसरा पक्ष दूसरों का ध्यान अपनी ओर खिंचवाने के लिए प्रतिस्पर्धा करता रहेगा या फिर तंग आकर सुनना बंद कर देगा और अपने घर चला जाएगा। इसलिए, आजकल हमारे अधिकतर संवाद वार्त्तालाप नहीं होते, बल्कि एक ही समय पर दो एकालाप हो रहे होते हैं।

इसी तरह, एक बहस कभी भी संवाद नहीं हो सकती, क्योंकि इसमें सहानुभूति, समानता और एक-दूसरे को सुनने व समझने के अति महत्त्वपूर्ण संघटकों का अभाव है। स्वयं को सही साबित करने के लिए हम प्रतिस्पर्धा का निर्माण कर देते हैं; परंतु वास्तव में हम दोनों ही इस युद्ध में परास्त होने वाले हैं।

आंतरिक पुरुषार्थ का लक्ष्य है—हमारी जागरूकता को बढ़ाना और यह सीखना कि हम कौन हैं और किस प्रकार कार्य करते हैं। आंतरिक पुरुषार्थ है अपनी ही विचारधाराओं, प्रवृत्तियों और दृष्टिकोण को चुनौती देना। जब हम ऐसा करने में असफल हो जाते हैं तो स्वयं के साथ और दूसरों के साथ स्वस्थ संबंध का विकास करने में समस्या का सामना करना पड़ता है। जितना अधिक हम स्वयं के बारे में जानते होंगे उतना अधिक हम दूसरों को भी समझ पाएँगे।

एक प्रबुद्ध आत्मा दूसरों के साथ संवाद करने के लिए बहुत सी भाषाएँ बोल सकेगी—हृदय की, आत्मा की और आँखों की भाषा। आंतरिक शांति की अवस्था में इन सबका गहरा अनुभव किया जा सकता है।

अब समय है··· प्रेमपूर्वक हृदय से संवाद करने का। होंठों से केवल उद्धार करनेवाले वचन ही बोलने, नयनों में दूसरों के लिए उत्तम मंशा रखकर ही संवाद करना। साइबर स्पेस भी इस प्रकार की पवित्र प्रवृत्ति और ऊर्जा को उत्पन्न नहीं कर सकता। इस प्रकार का अनुभव प्राप्त करने के लिए हमें वास्तविक बनना होगा; अर्थात् हमें यहीं उपस्थित होना होगा। चलिए, अपने हृदय और आत्मा को वर्तमान में स्थित कर देते हैं, फिर संभव है कि हम अपने संवाद में सहानुभूति को स्थान देने लगें।

□

त्रुटिपूर्ण दृष्टिकोण को सुधारना

क्या आपने कभी यह कहावत सुनी है—'द स्क्वीकी व्हील गैट्स द ऑयल', अर्थात् 'चिल्लाने पर या बताने पर ही आपकी जरूरतें पूरी की जाती हैं'? विश्वास करें या न करें लेकिन, चिल्लाने वाले और शिकायती व्यक्ति ही कुछ नतीजा पाते हैं; हल्के लेकिन सतत प्रयास से ही पहाड़ भी हिल सकता है।

जिनको हम शिकायत करते हैं, उनकी तत्कालीन प्रतिक्रिया अकसर अनुकूल नहीं होती। कुछ सुना-अनसुना करके अस्पष्ट रास्ता अपनाते हैं और कहते हैं, 'इस बात से मेरा कोई लेना-देना नहीं है। इसमें मेरी कोई गलती नहीं है।' कुछ लोगों में इससे नाउम्मीदी उत्पन्न हो जाती है—'कुछ भी करने का क्या फायदा है? मैं भी शायद हार मान लूँ।' कुछ ऐसे भी हैं, जो 'चिल्लानेवालों और कराहनेवालों' के क्लब का हिस्सा बन जाते हैं—'हाँ, तुम बिलकुल सही कहते हो। यहाँ कुछ भी सही नहीं है!'

इसमें कोई आश्चर्य नहीं है कि शिकायतें हमें पसंद नहीं आती हैं। वे बिलकुल रचनात्मक प्रतीत नहीं होतीं और हमें क्रोधित, नाराज, द्वेषी और हताश कर सकती हैं। हम अपने संसार की तसवीर आदर्श बनाने के लिए दिन-रात प्रयास करते हैं; लेकिन हम हर बार सफल नहीं हो पाते। जब दूसरे लोग हमारी शिकायत करते हैं, या हम जिस प्रकार से कार्य कर रहे होते हैं, उसमें हम स्वयं को अयोग्य और असुरक्षित

महसूस करते हैं और हम स्वयं को कहते हैं, 'जो कुछ मैं कर सकता था वह किया, अब और क्या कर सकता हूँ?' हम इसे व्यक्तिगत स्तर पर ले लेते हैं। हम अंदर कुम्हला जाते हैं और ताज्जुब करते हैं कि 'क्या फायदा?'

लेकिन, शिकायतों और आलोचनाओं से निपटने के लिए दूसरा रास्ता भी है। जब कोई शिकायत करता है तो अकसर वह ऐसा इसलिए करता है, क्योंकि अकसर उसे लगता है कि अंतिम परिणाम का अवलोकन हमारी अपेक्षा उनका कहीं बेहतर है या उन्हें हमें ठीक करने की आवश्यकता है; क्योंकि उन्हें लगता है कि हम अपने लक्ष्य से भटक गए हैं। जल्दबाजी में आवेश में आकर जब शब्द बोले जाते हैं तो उस समय हमें मंशा पर ध्यान देना है नहीं तो अंतिम परिणाम खो जाता है। जिसके कारण शिकायत हुई है, हम अपनी पूरी शक्ति उस समस्या को ठीक करने में लगा देते हैं, बजाय इसके कि शिकायत या आलोचना के मुख्य कारण को समझें और जानें कि क्या यह उपयोगी है या नहीं। हम यह नहीं समझ पाते कि अगर हम स्वयं को भावनात्मक प्रतिक्रिया से रोक पाते तो हम यह समझ सकते हैं कि शिकायत करनेवाला आखिर क्या कहना चाह रहा है। अगर हम ऐसा कर पाए तो संभवतः हम कुछ सीख भी पाएँ।

अगर हम शिकायतों को निष्पक्षता से सुनें तो पाएँगे कि; वास्तव में, दोनों पक्षों का एक ही खयाल है। दोनों ही उत्तम परिणाम को पाना चाहते हैं लेकिन दोनों ही अलग दृष्टिकोण से देख रहे हैं। जो कुछ भी आपने उनको कहते सुना है, उसका भावानुवाद करने के लिए कुछ पल बिताएँ, जैसे—'अच्छा तो आप यहाँ साफ और शांत वातावरण देखना चाहते हैं?' अपने आपसे पूछिए, 'यह व्यक्ति ऐसा क्यों कहेगा?' इस प्रकार विरोध कम हो जाता है और प्रतिस्पर्धा सहयोग में बदल जाती है। इस नए दृष्टिकोण से आप यह भी महसूस कर सकते हैं कि संबंधों में

समस्या भी एक छिपा हुआ सुअवसर है जो हमें करुणा, समझ और विकास की ओर संकेत देता है।

अब समय है··· दूसरे लोगों की शिकायतों के प्रति रक्षात्मक के बदले सहनशील बनने का। उनके दृष्टिकोण को समझने का प्रयास करें और वे क्या कह रहे हैं, ऐसे ही जैसे हम चाहेंगे कि वे भी हमारा दृष्टिकोण समझें। समय के साथ हम इन समस्याओं को सुलझाने में निपुण बन सकते हैं। संबंधों के पहियों को तेल लगाएँ और सभी के लिए वांछित परिणाम पाएँ। अचानक ही ऊपरी कहावत बिलकुल ही नया अर्थ लेती प्रतीत होती है। हमें अपने दृष्टिकोण में परिवर्तन लाना है, न कि सिर्फ पहिए को ठीक करना है।

□

प्रेम ही एकमात्र हथियार है

एक बार की बात है, एक बुद्धिमान व्यक्ति था। वह इस बात पर जोर डालता था कि हमें अच्छी तरह से जीने के लिए जीवन भर सकारात्मक, क्षमाशील और शुक्रगुजार होना बहुत आवश्यक है। एक दिन, उसके पास एक यात्री आया और उससे पूछा, 'मैं सकारात्मक कैसे रह सकता हूँ? मेरे जीवन में कुछ भी ठीक नहीं हो रहा है। मेरे विश्वसनीय लोगों ने ही मुझे निर्दयता से कष्ट पहुँचाया है और अब मुझे प्रतिशोध लेना है।'

बुद्धिमान व्यक्ति ने अपना सिर हिलाया और पूछा, 'जिन्होंने तुम्हें कष्ट पहुँचाया है, तुम उनके साथ क्या करोगे?'

यात्री ने जवाब दिया, 'मैं उनके अंगों को चीर दूँगा। मैं उनके व्यापार को बरबाद कर दूँगा। मैं···' अपने हृदय का दुःख-दर्द उड़ेलते हुए वह रो पड़ा, 'क्या आप बदला लेने में मेरी सहायता कर सकते हो?'

'हाँ,' बुद्धिमान व्यक्ति ने कहा, 'मैं अवश्य ही तुम्हारी मदद करूँगा। लेकिन पहले तुम्हें मेरे लिए दो काम करने पड़ेंगे।'

'हाँ, मैं कुछ भी करूँगा।' यात्री ने जवाब दिया।

'पहले मैं चाहता हूँ कि तुम उस पेड़ की शाखा को तोड़ दो' बुद्धिमान व्यक्ति ने कहा।

यात्री तत्परता से गया और पेड़ की शाखा तोड़ डाली। 'यह तो हो

गया, अब और क्या करना है?'

बुद्धिमान व्यक्ति मुसकराया और बोला, 'अब इसे वापस पेड़ पर लगा दो।'

यात्री बुद्धिमान व्यक्ति की तरफ घूरता रह गया और बोला, 'मैं ऐसा नहीं कर सकता।'

'नहीं?' बुद्धिमान व्यक्ति ने पूछा, 'इसलिए सदा याद रखो कि चोट पहुँचाना और विनाश करना बहुत आसान है; लेकिन बिगड़ी हुई बात को सुधारना बहुत मुश्किल है।'

जिन लोगों ने हमें दुःख दिया है, कई बार हम उनसे बदला लेना चाहते हैं; हालाँकि पेड़ पर फिर से शाखा उग जाएगी और फल भी आ

जाएँगे, लेकिन मानव संबंधों में शब्दों को वापस लेना और एक बार किए हुए कर्मों को उलटा फिराना मुश्किल है। प्रतिशोध के पलों में किसी को सजा देने से पहले कुछ देर शांति से बैठना अच्छा होगा।

आत्म-विश्लेषण के पलों में हमें अहसास होता है कि दुःख में केवल एक विचार ही शांति दे सकता है और वह है—जो कुछ हुआ, उससे सबक सीखो और आगे बढ़ो। अपने मन को सकारात्मक बनाए रखें और सोचें कि ऐसा हम दूसरे पक्ष के लिए नहीं बल्कि अपने लिए कर रहे हैं।

जब कोई व्यक्ति चोट, दर्द, बदला; चोट, दर्द, बदला के घटनाचक्र से गुजर चुका होता है तो उसे अहसास होने लगता है कि इसका कोई अंत नहीं है। यह व्यर्थ और नकारात्मक विचारों की अनंत रचना है, जिससे दूसरे पक्ष का नहीं, अपना ही नुकसान होगा। बदला लेने के संकल्प से केवल नफरत का खून ही खौलता है व मन में खलबली और अधीरता पैदा होती है, जिस कारण आत्मा अपनी कोई भी अच्छाई व्यक्त नहीं कर पाती और इसी कारण मन को शक्ति नहीं मिलती।

अब समय है··· अपने आपसे यह पूछने का कि आप कौन सा मार्ग अपना रहे हैं। सामंजस्य का या प्रतिशोध का? केवल प्रेम रूपी हथियार ही साथ रखने योग्य है। संभव है कि अहंकार आपको प्रेरित करे लड़कर संघर्ष जीतने के लिए, लेकिन अगर आपने प्रेम को सँभाला हुआ है तो वास्तव में आप युद्ध जीत जाएँगे।

□

लिखने का महत्त्व

आध्यात्मिक मार्ग पर अपनी प्रगति को आँकना सरल नहीं है। इसके लिए स्वयं का अवलोकन करने के लिए बहुत ईमानदारी और साहस की आवश्यकता है। अपने विचारों को कागज पर लिखने से आपको एक नया दृष्टिकोण मिल जाता है और आपकी जीवन-यात्रा को परखने में भी मदद मिलती है तथा शायद आप अँधेरी गलियों और अनावश्यक चक्करदार लंबे रास्तों पर जाने से भी बच जाएँ।

लिखना एक ऐसी प्रक्रिया है, जो हमारे मन को व्यवस्थित करने और बहुत समय से अंदर दबे हुए मुद्दों से छुटकारा पाने में मदद करती

है। जैसे ही लोग लिखने जैसी सृजनात्मक प्रक्रिया आरंभ करते हैं तो उन्हें महसूस होने लगता है कि उनकी सोच बहुत स्पष्ट और श्रेष्ठ होने लगी है। विचारों में एकाग्रता आने लगती है और वे अपने निर्णय स्पष्टता एवं पूर्ण विश्वास से लेने लगते हैं।

प्रतिदिन अपने विचारों को लिखना, अतीत की बुरी स्मृतियों से स्वतंत्र होने और भावनात्मक घावों को भरने का उत्कृष्ट उपाय है। कभी-कभी किसी संबंध में, जब कुछ और कहा या किया नहीं जा सकता और आप अब तक भी विश्वासघात और टूटे हृदय के दर्द के कारण अंदर-ही-अंदर घुट रहे हैं तो दैनिक डायरी लिखने को अपना साथी बना लेना एक बेहतर उपाय है। जब आपके मित्र आपके दिल की बातें सुनकर थक जाएँ तो अपनी डायरी से बातें करें। यह आपका सबसे भरोसेमंद मित्र होगा।

इस प्रक्रिया में कुंठा और निराशा को संबंधों में जताने के स्थान पर हम कागज या लैपटॉप पर उतारते हैं। क्रोध किसी हथियार के स्थान पर कलम के माध्यम से बाहर निकल जाता है। सार्वजनिक स्थान के बजाय एकांत में अपनी कड़वाहट से मुक्त होने में हम अच्छा महसूस करते हैं।

इस प्रकार का लिखना जहाँ अधिक सोचने की आवश्यकता नहीं होती और हम अपने विचारों को एक सुरक्षित स्थान पर विसर्जित कर सकते हैं, प्रभात का समय ऐसा करने के लिए सबसे बेहतर है, जब हम सोकर उठते हैं। सारी रात विचलित और व्यस्त मन में विचारों का द्वंद्व चलता है और हमारे स्वप्नों के माध्यम से घटनाओं की पुनरावृत्ति होती है। अवचेतन मन जानकारियों की खान होता है। उनमें से कुछ सुबह सतह पर आ जाती हैं और हमें इशारा मिलता है कि किन बातों पर हमें जीवन में कार्यवाही करने की आवश्यकता है। जब हम अपनी सुबह की दिनचर्या में बहुत फँस जाते हैं तो इस अनमोल परिज्ञान को खो देते हैं।

खयाल आएँगे, दृढ़ संकल्प और भी सुदृढ़ हो जाएँगे, उत्साह फिर

से जी उठेगा, दृष्टिकोण और भी स्पष्ट हो जाएगा, विश्वास गहरा हो जाएगा और सृजनात्मकता प्रकट हो जाएगी। आपको और गहरी स्वतंत्रता की अनुभूति होगी और आप स्वयं के साथ अर्थात् आत्मा के साथ जुड़ा हुआ अनुभव करेंगे।

कुछ विशेषज्ञ कहते हैं कि अपनी डायरी को कुछ महीनों के लिए दूर रख देना और जो भी आपने लिखा है, उसे न पढ़ना अच्छा होता है। लेकिन अगर आप वास्तव में समझना चाहते हैं कि आपके लिखने से सतह पर क्या आता है, तो वर्तमान से अच्छा कोई समय नहीं। अपने विचारों और भावनाओं को पुनः समझने के लिए महीनों की प्रतीक्षा क्यों करनी।

अपने लिखने को लेकर संपूर्ण स्वच्छंद अनुभव करने के लिए आप अपनी डायरी, अपनी सच्ची साथी को कहीं सुरक्षित जगह रखें, जहाँ कोई इसे पढ़ न सके। यह अच्छा रहेगा कि आप इसे किसी को दिखाएँ नहीं; क्योंकि हो सकता है कि परखे जाने के डर से आप अपना यथार्थ स्वभाव, वास्तविक विचार और भावनाएँ व्यक्त न करें और इस कारण बहाली के मार्ग पर आप धीमें हो जाएँ।

आप अपने लिखने का प्रयोग किसी बात का सामना करने के लिए भी कर सकते हैं। पहले, वे सारी बातें लिखें, जो आप दूसरे व्यक्ति को कह सकते हैं या उन मामलों को निश्चित करें, जो आप उठा सकते हैं। उनको ऊँचे स्वर में बोलकर पढ़ने से आपको यह निर्धारित करने में मदद मिलेगी कि समस्या से निपटने के लिए दूसरी पद्धति भी अपनाई जाए या नहीं। उदाहरण के लिए, क्या यह अच्छा रहेगा कि इस परिस्थिति में शांत रहा जाए? अपनी डायरी को मध्यस्थ के रूप में प्रयोग करें और आप पाएँगे कि आप समस्याओं को और अधिक शांतिपूर्वक सुलझा सकते हैं।

ध्यान रहे कि लिखना कहीं वास्तविक संवाद का स्थान न ले ले।

कई बार आपसी बातचीत की अत्यधिक आवश्यकता होती है और हम असली बात को या व्यक्ति को टालने के लिए दूसरे व्यक्ति को छोटी चिट्ठी लिखकर देते हैं। ये छोटी चिट्ठियाँ जादूगर नहीं हैं, जो आपकी समस्याओं को समाप्त कर देंगी। अपनी समस्याओं और दुःखों का सुविचारित, शांति और साहस के साथ सामना करने से उलझनों से निपटने की आपकी क्षमता बढ़ेगी और आपके हृदय व आत्मा को शांति का अनुभव होगा।

अब समय है··· सबकुछ कागज पर लिखने का और अपने भीतर के मनोवैज्ञानिक व चिकित्सक का आह्वान करने का। लिखने से आपके भीतर की कुंठा बाहर निकल जाती है और आपकी गहरी भावनाएँ सतह पर आ जाती हैं, जिससे अपने अंदर के असुरों से सामना करने में मदद मिलती है। इससे आपको प्रेरणा मिलती है और आपकी आध्यात्मिक यात्रा के लिए नया दृष्टिकोण मिलता है। हो सकता है, हम जो सोच रहे हैं, उसे लिखने से जीवन में सबकुछ व्यवस्थित हो जाए।

□

समापन करना

व्यक्तिगत संबंधों में 'समापन' लाना बहुत आवश्यक है। इससे हमें आत्मा के हलकेपन के साथ, शांतिपूर्वक, कम नकारात्मक विचारों और बिना अफसोस या दुर्भाव के आगे बढ़ने में मदद मिलती है। तो भी, समापन की अपेक्षा करना व्यर्थ हो सकता है। कभी-कभी हमें यह स्वीकार करना पड़ता है कि समापन केवल तभी संभव है, जब हम अपने पीछे का दरवाजा बंद कर देते हैं और आगे बढ़ जाते हैं।

हर कहानी का एक अंत होता है। कोई फिल्म या नाटक अंतिम शब्दों 'दी एंड' के बिना पूरी नहीं हो सकती। इसलिए अगर आप समापन कर रहे हैं तो चिंता नहीं करें, क्योंकि यह सामान्य और स्वाभाविक है। समाप्ति करने से जीवन में स्पष्टता आती है। एक बार जब हम जान लेते हैं कि लोगों और परिस्थितियों में हमारा स्थान कहाँ है तो फिर से आगे बढ़ना आसान हो जाता है।

हालाँकि सभी अंत सुखद नहीं होते। हमें असहमति के लिए सहमत होना पड़ता है। हम कभी उस मनुष्य को दोबारा आँखों में आँखे डालकर नहीं देख पाएँगे, वह भी ठीक है। कम-से-कम हमें इस बात की तसल्ली है कि हमने हार मानने से पहले कोशिश तो की है। आगे बढ़ने से पहले समस्या का स्वीकरण आवश्यक है। संबंध अगर अपने आप सुधर नहीं रहे हैं तो उन्हें सुधारने के लिए दबाव नहीं डालें; क्योंकि इससे और ही बिगड़ सकते हैं। स्वयं को याद दिलाएँ कि दुःख महसूस

करें या नहीं करें, उसका चुनाव आपका है।

कुछ लोग संबंधों में दूसरों को नियंत्रित करने के लिए शांतिपूर्वक व्यवहार करते हैं और इसी को ही समापन समझ लेते हैं। यह आवश्यक नहीं है कि इस प्रकार शांति का प्रयोग मन की शांति लाए। कर्मों का सिद्धांत हमें सिखाता है कि कर्मों का हिसाब जिस स्तर पर बनाया गया था, उसी स्तर पर ही चुकता करना पड़ेगा; क्योंकि आखिर हमें संतुलन पर पहुँचना होगा। अगर इसका निर्माण मन में किया गया था तो शुद्ध विचारों से चुकता किया जा सकता है। अगर इसे शब्दों से रचा गया था तो क्षमायाचना अनिवार्य है। अगर कर्मों से हिसाब-किताब बना है तो निश्चित रूप से शांति कर्मों का प्रतिकार नहीं कर सकती। एक नकारात्मक कर्म के स्थान पर एक सकारात्मक कर्म करना होगा। जिस स्तर पर इसकी रचना हुई थी, उसी स्तर पर समापन करने की हममें नम्रता होनी चाहिए।

अकसर अपने मन को शांत रख आगे बढ़ने का कदम सबसे कठिन लगता है। अपने मन को मुक्त करना सीखना ही समापन की ओर पहला कदम है। बहुत बार हम तलाक चाहते हैं, लेकिन बोझ और आलोचना से मुक्त नहीं होते। यह तो ऐसे ही है, जब वास्तव में जड़ों को जलाने की आवश्यकता है और हम केवल शाखाओं को काट रहे हों। एक बार जब हम यह निर्णय कर लेते हैं कि हमें मुक्त होना है और आगे बढ़ना है तो समझो 80 प्रतिशत सफलता मिल गई है। अगर हम आशान्वित हैं या कुछ और होने का इंतजार कर रहे हैं तो हम वास्तव में मुक्त नहीं हुए हैं और हम समापन नहीं चाहते। समापन करने के लिए स्वयं के साथ ईमानदारी अत्यंत अनिवार्य है।

समापन का वास्तव में अर्थ है—एक अध्याय समाप्त हो जाए और हम दूसरे अध्याय के लिए सज्जित हों। कैरोल के. ट्रूमैन ने अपनी पुस्तक 'फीलिंग्स बरीड अलाइव नेवर डाइ' में इस विषय पर स्पष्टता से चर्चा

की है। यह ऐसा ही है जैसे कि आगे बढ़ने के लिए हमें अपनी हर भावना को स्वीकारना होगा। हम में से हरेक को अपनी हर भावना की जिम्मेदारी लेनी होगी। अगर हम दूसरों पर दोष लगाते रहेंगे तो हम स्वयं को ठीक करने के लिए दूसरे पक्ष की या परिस्थितियों की प्रतीक्षा करते रहेंगे और स्वयं शक्तिहीन बन जाएँगे। इस हालत में हम अपने जीवन में हमेशा के लिए पूर्ण विराम के बजाय अल्प विराम ही लगाते रहेंगे और समापन पर कभी नहीं पहुँच पाएँगे।

समापन कभी कमजोरी की अवस्था में नहीं हो सकता। यह केवल परिपूर्णता की स्थिति में ही संभव है। परिपक्वता और महसूसता—ये दो चरण समापन की प्रक्रिया में अप्रत्यक्ष हैं। जैसे प्रकृति में भी जब बीज पक जाता है तो स्वयं को फल से अलग कर लेता है। अगर हम अभी भी अपरिपक्व अनुभव कर रहे हैं तो समापन, दूसरे शब्दों में पकने में या परिपूर्ण होने में अभी समय है। ऐसी स्थिति में परिस्थिति को शायद बारीकी से जाँचने की आवश्यकता है, कदाचित् स्वीकार करने और नम्रता के साथ और अधिक क्षमा करने की आवश्यकता है।

अपने जीवन के मार्गदर्शक बनें और कुछ काररवाई करें। कुछ बातों के घटने की प्रतीक्षा नहीं करें; क्योंकि कभी-कभी वे कभी नहीं घटेंगी। संभवतः किसी अधूरे काम को खत्म करने के लिए आपको वार्त्तालाप आरंभ करने का पहला कदम उठाना पड़े। जो प्रतीक्षा करते रहते हैं, उनका जीवन ऐसे ही बीत जाता है। यह ऐसे ही है जैसे ऊँची दीवार पर बैठे रहना और असफलता के भय से कोई निर्णय नहीं लेना। जब हम ऊँची दीवार पर बहुत देर तक बैठे रहते हैं तो हिचकिचाहट बहुत दुःखदायी और अप्रिय हो सकती है।

अपने विचारों को लिखने या चित्रित करने के लिए समय निकालें। अपने लिखे हुए के लिए कोई निर्णय न दें और उसे दोबारा न पढ़ें। एक नाटक, कविता या छोटी कहानी लिखें और उसका अंत ऐसे ही करें, जो

आप देखना चाहेंगे। अपनी भावनाओं को व्यक्त करने के लिए एक तसवीर बनाएँ। यह लेख या तसवीर हमारी आँखें खोलने का कार्य कर सकती है, जिससे हमें हमारी भूलों का अहसास होगा और भविष्य में हम इन भूलों को नहीं दोहराएँगे।

पत्र लिखना भी एक ऐसा ही अभ्यास है, जो हमें हलका महसूस करने में मदद करेगा। परंतु यह एक ऐसा पत्र है, जो आप कभी किसी व्यक्ति को नहीं भेजेंगे, क्योंकि आप यह स्वयं को लिख रहे हैं। इससे आप वह सबकुछ व्यक्त कर सकते हैं, जो आप हमेशा व्यक्त करना चाहते थे और ऐसा करने से आप स्वयं को, लोगों को और परिस्थितियों को और अधिक हानि नहीं पहुँचा रहे।

कभी-कभी 'दी एंड' के लिए कोई रस्म करना भी समापन को सहज कर देता है। उदाहरणार्थ, आग जलाएँ और उसमें उसके पत्र को जला दें। या फिर जो भी चीजें उपहार के रूप में उन्होंने आपको दी हैं, वे अपने पसंदीदा वृक्ष के नीचे या बगीचे के कोने में दबा दें या किसी को दे दें, ताकि उनके साथ उन वस्तुओं से जुड़ा दर्द भी चला जाए। इस प्रक्रिया को अपने लिए प्रतीकात्मक बना लें। अपने मित्रों को आमंत्रित करें और एक गोले में बैठकर मोमबत्ती जलाकर घोषणा कर दें कि आप नई जिंदगी का आरंभ करने जा रहे हैं।

अब समय है··· सावधानी बरतते हुए आपके जीवन के कुछ क्षेत्रों में समापन लाने का। देखें, क्या लाभदायक है और क्या नहीं और अधिक समय व शक्ति व्यर्थ नहीं करें। मुक्त होना और आगे बढ़ना सीखें। एक बार आप अपने द्वारा रचित अंत से संतुष्ट हो जाते हैं तो यह वास्तव में समस्या का भी अंत है।

□

निष्कर्ष

संबंध ही हमारे जीवन को जीवंत करते हैं। वे ही जीवन का सार हैं। उनके बिना हम जी नहीं सकेंगे या जीवन जीने लायक नहीं रहेगा। हालाँकि, संबंध हमारे जीवन को उद्देश्य और लक्ष्य देते हैं। ये हमें अत्यधिक खुशी या दुःख भी दे सकते हैं। अपने संबंधों को सँभालना और उनका प्रबंधन करना हमेशा सरल नहीं होता।

इन सभी लेखों में मैंने संबंधों के गहरे आध्यात्मिक पहलुओं का अन्वेषण किया है। मैंने अवलोकन किया है कि हम संबंधों को मजबूत कैसे बना और निभा सकते हैं, किस प्रकार रास्ते में आनेवाली मुसीबतों का सामना कर सकते हैं और जब आवश्यकता पड़े तो किस प्रकार उनका समापन भी कर सकते हैं।

एक ऐसे संसार की कल्पना करें, जिसमें प्रत्येक मनुष्य प्रेम, आदर, विश्वास, सच्चाई और सत्यनिष्ठा जैसे सर्वोच्च आध्यात्मिक सिद्धांतों से जीता हो। जो आज हम अपने चारों ओर देख रहे हैं, इससे वह संसार पूर्णतया भिन्न होगा। हम ऐसा ही संसार देखना चाहते हैं; लेकिन भले ही हम सभी इन सर्वमान्य सिद्धांतों का समर्थन करें और इनकी अभिलाषा रखें, लेकिन हम में से कम लोग ही इनका पालन करते हैं।

अपने संबंधों को अच्छी रीति से सँभालना सीखना एक आध्यात्मिक कला है, जो हम विकसित कर सकते हैं। राजयोग

मेडिटेशन का सिद्धांत हमें जीवन की इन कलाओं को सीखना सरल, संभव और उपयोगी बना देता है। यह प्रक्रिया यह जानने से आरंभ होती है कि शांतिपूर्ण, आपसी परवाह करनेवाले और समरस संबंधों का निर्माण करने के सभी आवश्यक संसाधन हमारे अंदर ही हैं और हममें कठिनाइयों का सामना करने की शक्ति भी है। जब हमें इस बात का अहसास हो जाता है तो न केवल हम अपने नकारात्मक विचारों को नियंत्रित कर पाते हैं, बल्कि उन्हें बदल भी सकते हैं।

अगर कोई इन गुणों को विकसित करने के लिए आवश्यक मेहनत करने के लिए तैयार है तो यही कहा जा सकता है कि इसमें समय, दृढ़ संकल्प और धैर्य की आवश्यकता है। पुरानी, नकारात्मक आदतों और व्यवहार को बदलना बहुत मेहनत का काम है। अपने अंदर की बुराइयों का सामना करने के लिए साहस की आवश्यकता है। अपने से और दूसरों से की जानेवाली अपेक्षाओं से मुक्त होने के लिए आत्म-सम्मान की आवश्यकता है। दूसरों के द्वारा हानिकर टिप्पणियों से दुःख लेने की आदत से मुक्त होने के लिए नम्रता की आवश्यकता है। हालाँकि, अंतिम नतीजा हमारी मेहनत से सौ गुना अधिक होना निश्चित है।

जागरूक रहना और अपने आंतरिक सकारात्मक मूल्यों के साथ जुड़े रहना बहुत महत्त्वपूर्ण है। ऐसा होने से हमारी प्रतिक्रियाएँ बहुत शांत व प्रेममय होंगी और हम अपने कर्मों के परिणाम से सचेत रहेंगे और संतुलित अवस्था में कर्म करेंगे। अगर हम स्वयं में समरसता लाने पर ध्यान देते हैं तो इसका प्रतिबिंब हमारे संबंधों पर भी दिखाई देगा। इन बदलावों का सकारात्मक असर हमारे चारों ओर के वातावरण और संसार पर भी होगा।

सबसे अधिक समझने और अहसास करने की बात है कि यह सब आपसे और मुझसे ही आरंभ होता है। हमें इसकी जिम्मेदारी लेनी होगी। हमें इसकी पहल करनी होगी। अगर हम दूसरों के बदलने की प्रतीक्षा

कर रहे हैं तो शायद हम सदा प्रतीक्षा ही करते रह जाएँ।

अगर आप इस चुनौती को स्वीकार करते हैं तो इस यात्रा पर मेरी शुभ कामनाएँ आपके साथ हैं। आप स्वयं के लिए और संसार के लिए एक बेहतर जीवन बनाने के मार्ग पर हैं।

□□□